Hundeausbildung

R. Menzel

Hundeausbildung

Verhalten · Gehorsam · Ausbildung

Überarbeitet von Erwin Bockhard

Für Hundefreunde bietet der FALKEN Verlag zahlreiche Titel an.
Darunter die beiden Handbücher:
»Hunde« (Nr. 4118)
»Der Deutsche Schäferhund« (Nr. 4077)

ISBN 3 8068 0346 3

© 1990 by Falken-Verlag GmbH, 6272 Niedernhausen/Ts.
Umschlaggestaltung: Zembsch' Werkstatt, München
Titelbild: Reinhard-Tierfoto, Heiligkreuzsteinach-Eiterbach
Fotos: K.-J. Karnath, Herbst (1), Eckhardt (1), Ingo Schlattmann (S. 20)
Die Ratschläge in diesem Buch sind vom Autor und vom Verlag sorgfältig erwogen und geprüft, dennoch kann eine Garantie nicht übernommen werden. Eine Haftung des Autors bzw. des Verlages und seiner Beauftragten für Personen-, Sach- und Vermögensschäden ist ausgeschlossen.
Gesamtherstellung: Neuwieder Verlagsgesellschaft mbH, Neuwied

19034674X252 423 222 120 191 8

Inhalt

Wir verstehen unseren Hund

Der Hund, ältester Freund und Helfer des Menschen

Irgendwann in grauer Vorzeit gesellte sich aus der feindlichen Umwelt ein Freund und Helfer zum Menschen – der Hund.

Wir wissen nicht, wann und wo die erste Bindung zwischen Mensch und Tier entstanden ist. Knochenfunde belegen, daß sich bereits vor ungefähr 20 000 Jahren Rudel von wild lebenden Hunden in der Nähe des Steinzeitmenschen tummelten. Vermutlich wurden sie durch Abfälle aus der Jagdbeute der Höhlenbewohner angelockt.

Sehr langsam bildeten sich engere Formen des Zusammenlebens heraus. Irgendwann gingen diese wilden Hunde dazu über, den Jägerhorden in Erwartung von Abfällen nachzulaufen. Irgendwann begannen sie damit, bei den gemeinsamen Streifzügen voranzulaufen, eine Spur aufzunehmen und den Menschen das Wild zu signalisieren.

Den einsamen Sammlern und Jägern konnten diese Gehilfen nur willkommen sein. In einer Umwelt, wo jeder Fremde oder jedes Raubtier ein lebensbedrohender Feind sein konnte, erwies sich die Fähigkeit des Hundes, die Annäherung Verdächtiger zu melden, als äußerst nützlich. Durch ihre feinen Sinne und ihre Kampfkraft be-

währten sie sich bei der gemeinsamen Jagd und beim Kampf.

Jene wilden Hunde, deren Stammvater der Wolf gewesen ist, gewöhnten sich in Generationen an die Gesellschaft des Menschen. Sie lernten ihn verstehen und paßten sich der Lebensweise ihrer neuen Meutengefährten an.

In der Zwischenzeit hat der Mensch noch viele Tierarten domestiziert, zum Haustier gemacht. Das heißt: Er hat sie im Laufe von Generationen dazu gebracht, ein gutes Verhältnis zum Menschen zu finden. Haustiere fürchten den Menschen nicht mehr, sondern lassen ihn arglos an sich herankommen. Sie nehmen von ihm Futter an. Auch ihr sexuelles Leben, also ihre Vermehrung und Zuchtwahl, wird vom Menschen kontrolliert und gesteuert. Erst wenn alle diese Voraussetzungen gegeben sind, nennen wir eine Tierart domestiziert.

Durch die Domestikation entstand ein neues Wechselverhältnis von Mensch und Tier. Das Tier fand sich in seine neue Rolle hinein. Aus der Gesellschaft des Menschen erwuchsen ihm Vorteile beim Kampf ums Dasein. Das Haustier fand ohne eigene Anstrengung Nahrung sowie Schutz vor natürlichen Feinden und der Witterung. Bis vor wenigen Jahren glaubte die Wissenschaft von den Hunden und ihrer Zucht, der Kynologie, daß der Hund das erste Haustier gewesen sei. Nach neueren Knochenfunden aus dem Orient kommt als Rivale um den ersten Platz nur noch das Schaf in Betracht. Hier handelt es sich allerdings um ein Tier, das dem Menschen materiellen Nutzen bringen sollte. Wir erinnern uns an den Besuch der Engel bei Abraham im Alten Testament. Als Abraham sie bewirten wollte, so überliefert es die Bibel, nahm er ein Schaf aus einer Herde. Wäre diese nicht vorhanden gewesen, hätte Abraham erst auf die Jagd gehen müssen. Es war ja gerade der Sinn der eigenen Aufzucht von Schafen, sich eine »lebende Fleischkonserve« zu halten. Auch die meisten anderen Haustiere hält sich der Mensch vornehmlich aus wirtschaftlichen Gründen, sei es, daß sie ihm wie in der Landwirtschaft Eier, Milch, Fleisch, Fett oder Wolle liefern, sei es, daß sie sich für bestimmte Arbeitsleistungen als nützlich erweisen, etwa als Zugochse, als Wagenpferd oder als Wachhund.

Dieser Nutzen war anfangs bescheiden. Durch systematische Zucht förderte der Mensch jedoch jene Erbanlagen des Nutztiers, die ihm besonders wichtig erschienen. Zuchtwahl und ein jahrtausendelanger Anpassungsprozeß an seine jeweiligen Lebensumstände in Gesellschaft des Menschen haben auch das Erscheinungsbild des Hundes und typische Eigenschaften der verschiedenen Rassen immer mehr verfeinert und variiert.

Aus dem Wächter und Jagdgehilfen der Menschen wurde der Haushund, als sich diese anzusiedeln begannen und zu Viehzucht und Ackerbau übergingen. Anfangs bewachte der Hirtenhund die Herden gegen räuberisches Wild und Diebe. Aus diesem Typus wurde eine Art Hilfspolizist, der für Disziplin in der Herde sorgte und sie von unerlaubten Weidegründen fernhielt, eine Aufgabe, die einen leichteren und flinkeren Hirtenhund im Vergleich zum ausgesprochenen Schutzhund erforderte. Zu den ältesten Hunderassen, die sich im Dienste des Menschen nützlich machten, gehört der Spitz. Als Haustier war er schon bei den germanischen Pfahlbauern und im Ägypten der Pharaonenzeit vorhanden. Dank seiner Gelehrigkeit und Wachsamkeit hat er seine Stellung als Haushund bis heute behauptet. Außer der großen Familie der Haushunde, die bisweilen auch Wach- und Schutzdienst versehen, haben wir noch die anerkannten Gebrauchshunderassen, die vornehmlich bei Polizei und Zoll, im Forstschutz, im Rettungs- und Blindenwesen u. a. m. verwendet werden. Ebenfalls ihrer typischen Veranlagung nach kennen wir außerdem die Jagd- und die Hetzhunde.

Erbanlage und Umwelt des Hundes

Keine Tierart weist eine solche Vielfalt an Verhaltensweisen und Erscheinungsformen auf wie der Hund. In bewundernswerter Weise hat es der älteste Freund des Menschen verstanden, sich jeder Entwicklungsstufe unserer Zivilisation anzupassen. – Man denke nur an die Millionen von Großstadthunden. Wir haben den Hund wie kein anderes Tier äußerlich nach unserem Geschmack gewandelt und seine Eigenschaften im Laufe von Jahrtausenden nach unseren Bedürfnissen geformt. Im Erscheinungsbild mancher hochgezüchteter Rassen erkennen wir kaum noch den Wolf als den Urahnen wieder. Über vierhundert Rassen, Spielarten und Schläge dieser Raubtierfamilie sind über die ganze Welt verbreitet und oft auf abenteuerlichen Wegen zu uns gelangt. Namen wie Neufundländer, Dalmatiner, Pekinese oder Afghane zeigen an, daß sie in ihren Ursprungsländern unter sehr verschiedenartigen Klima- und Umweltverhältnissen lebten.

Auch in unsere hochtechnisierte Umwelt bringt jedes Hundekind jene Erbanlagen und Instinkte mit, die seine wildjagenden Raubtierahnen beherrschten. Damit ist allerdings nicht gesagt, wie sich dieser Welpe dann unter dem Einfluß seiner Umwelt entwickelt. Erst aus dem Zusammenspiel von Erbanlagen und Umwelt entstehen die typischen körperlichen und geistigen Eigenschaften unseres Hundes wie auch sein äußeres Erscheinungsbild.

So wird zum Beispiel das größte und kräftigste Exemplar eines Wurfs in ungünstigem Milieu hinter einem in guter Pflege aufgezogenen Schwächling in der Entwicklung zurückbleiben. Ein

Gewöhnung fremder Hunde aneinander

besonders mutig veranlagter Hund wird durch dauernde Einschüchterung in früher Jugend so gehemmt, daß er als ausgewachsenes Tier in seinen Reaktionen eher einem geborenen Feigling ähnelt. Schon während der Reife im Mutterleib, vor allem aber vom Moment der Geburt an, wirkt die Umwelt teils hemmend, teils fördernd auf die Erbanlagen ein. Naturgegebene, gewissermaßen vorprogrammierte Antriebskräfte sind es, die ein Lebewesen zur Erhaltung seines Daseins und seiner Art befähigen sollen. Schon ein frisch geborener Hundewelpe kriecht an die Zitzen seiner Mutter und beginnt zu saugen. Er hat niemals zuvor Milch gerochen, er ist sich der Zweckmäßigkeit seines Tuns auch gar nicht bewußt. Irgend etwas treibt die junge Kreatur zu dieser natürlichen Lebens- und Nahrungsquelle. Nach einem naturhaften Trieb handelt auch ein Jungtier aus einem kämpferischen Hundestamm, wenn es seinen Herrn zum erstenmal ohne Befehl bei einem vermeintlichen Angriff verteidigt. Sein angeborener Meuteinstinkt zwingt es, den gemeinsamen Gegner anzugreifen und dem Rudelgenossen, seinem Herren, beizustehen.

Bei Tieren, die nach anderen Naturgesetzen leben, sind andere Triebkräfte am Werk, so etwa, wenn eine Schwalbe nach ganz bestimmten Gesetzen ihr Nest baut. Sie mußte das nicht erst erlernen. Der gleiche Antriebsreiz löst bei verschiedenen Tierarten je nach ihrer spezifischen Da-

seinsweise verschiedene Reaktionen aus. Der Geruch rohen Fleisches weckt bei einem Raubtier die Freßlust. Ein Pferd läßt derselbe Duft gleichgültig oder würde es allenfalls verängstigen. Nichts in seiner Triebstruktur sagt diesem Pflanzenfresser, daß rohes Fleisch etwas besonders Nahrhaftes ist.

Der Komplex der verschiedenen Triebe und die Art und Weise ihres Zusammenspiels in bestimmten Situationen beherrschen das typische Gebaren eines Lebewesens. Dazu kommen noch die Funktion der Sinnesorgane und das Temperament, eine gefühlsmäßige Grundtönung, nach der ein Lebewesen leichter oder schwerfälliger, schneller oder langsamer auf Reize seiner Umwelt reagiert.

Triebe, Sinne und Temperament bilden also die artbedingte Wesensstruktur des Haushundes. Weil wir sie gewissermaßen als Rohmaterial vorfinden, bei der Erziehung aber formen wollen, nehmen wir die wichtigsten Triebe und Eigenschaften des Hundes zuvor noch etwas näher unter die Lupe.

Vom Beute-, Schutz- und Kampftrieb

Das Gebaren unserer Haustiere verstehen wir nur dann richtig, wenn wir es mit den Verhaltensweisen der entsprechenden Wildform vergleichen. Warum zum Beispiel läuft unser Hund einem weggeworfenen Stück

Holz so begeistert nach, warum nimmt er es auf, beißt daran herum, bringt es zu uns und läuft dann mit spielerischer Gebärde wieder weg? Der Hund und seine wildlebenden Verwandten gehören zu den Laufraubtieren, die eine sich bewegende Beute verfolgen. Beim Apportieren folgt der Hund seinem durch die Domestikation veränderten Beutetrieb. Das Stück Holz, das wir wegwerfen und das mit unserem Geruch behaftet ist, spielt jetzt die Rolle der Beute. Der Haushund hat es ja nicht mehr nötig, sich seine Nahrung selbst zu erjagen und über lange Strecken bis zu einer Höhle zu verfolgen. Doch sein Urtrieb ist geblieben. Er äußert sich nur in veränderter Erscheinungsform. Dieser Beutetrieb kann jedoch in der veränderten Umwelt so abgeschwächt sein, daß der weggeworfene Gegenstand nur noch angerochen, aber nicht mehr aufgenommen wird. Manche Hunde reagieren überhaupt nicht mehr. Ihr Beutetrieb ist abgestumpft oder völlig erloschen.

Im Schutztrieb erkennen wir die ererbte Bereitschaft des Hundes, seinen Meutegefährten, also auch den zweibeinigen, bei einer Gefahr beizustehen. Der Schutztrieb wirkt immer in bezug auf eine Gemeinschaft, er ist ein sozialer Trieb. Allerdings kann er durch Umwelteinflüsse so weit verkümmern, daß der Hund nur noch eine kämpferische Geste zeigt, den vermeintlichen oder tatsächlichen Angreifer jedoch nicht mehr angeht. Den Kampftrieb rechnen wir dagegen zu

den sogenannten Funktionstrieben. Hier ist die Triebhandlung schon in sich selbst lustgetönt, nicht erst die Erreichung des Zieles. Schon allein die Bewährung der eigenen Muskeln und der eigenen Kraft verschafft dem Tier ein Lustgefühl. Es ist nicht immer leicht, den Kampf- und Schutztrieb im Gebaren des Hundes sicher zu unterscheiden. Der Schutztrieb tritt immer in bezug auf einen Gefährten in Aktion, der Kampftrieb dagegen wird zur eigenen Befriedigung ausgelebt.

Unter Wachsamkeit verstehen wir die Eigenschaft des Hundes, die Annäherung fremder Wesen aus möglichst großer Entfernung zu merken und sie in einer für den Menschen erkennbaren Weise durch Bellen, Knurren oder Gebärden zu melden. Die Wachsamkeit eines Haushundes ist eine abgewandelte Fluchtreaktion. An die Stelle der Fluchtdistanz ist die Warndistanz getreten. Anstatt die Flucht zu ergreifen, äußert der Hund seine Erregung durch Bellen. Wenn die fremdartige Erscheinung die kritische Distanz überschreitet, wird der Hund entweder bellend zurückweichen oder aber zur Kampfreaktion übergehen. Das beobachten wir gut bei Kettenhunden, die am Entweichen gehindert sind, oder bei Hunden, die neben ihrem Herrn stehen, aber gleichsam durch geistigen Zwang an ihn gebunden sind.

Als Mut bezeichnen wir ein Verhalten, wenn der Hund unter Einwirkung verschiedener sozialer und Funktionstriebe einer Gefahr nicht ausweicht, sondern die Angst überwindet und standfest bleibt. Hierzu muß der Hund einen anderen Trieb, nämlich den Selbsterhaltungstrieb beherrschen. Je stärker dieser Trieb entwickelt ist, desto größer müssen jene seelischen Energien sein, die ihm entgegenwirken. Als Schärfe betrachten wir die Bereitschaft des Hundes, auf Umweltreize verschiedener Art feindselig zu antworten. Sie ist ein Ausdruck des Selbsterhaltungstriebes, dem alle Lebewesen als oberstem Naturgesetz folgen. Dennoch kennen wir genug Tiergeschichten, in denen andere Triebenergien diesen obersten Lebenstrieb zu überwinden scheinen. Eine kleine Katze zum Beispiel verteidigt ihre Jungen mit Löwenmut gegen einen Hund, der sie an Größe und Körperkraft weit übertrifft. Ein Hund, der in friedlicher Situation vor unbekannten Erscheinungen, wie etwa wehenden Fahnen, davonläuft oder sich ängstlich bei Gewitter verkriecht, benimmt sich im Kampf oft wie ein Held. Das Zusammenspiel der verschiedenen Triebenergien zeigt ein Beispiel aus der Physik, der Kreisel. Wenn wir ihn aufstellen, fällt er um. Bringen wir ihn jedoch zum Drehen, so wirken die Fliehkräfte der Schwerkraft entgegen. Er bleibt stehen. So ändert sich auch das Verhalten eines Lebewesens, wenn stärkere Antriebsreize den Selbsterhaltungstrieb vorübergehend ausschalten. Wenn wir diese Hunde-Charakterologie jetzt systematisieren, so haken wir

Schärfe, Schutztrieb, Kampftrieb und Mut unter der Rubrik Schutz- und Kampfkomplex ab. Zum Beutetrieb und zu den verwandten Triebformen rechnen wir den Apportier-, Fährten- und Stöbertrieb.

Zum Wesensgefüge des Hundes gehören außerdem noch vier andere Eigenschaften: Temperament, Härte, Führigkeit und Ausdauer.

Unter Härte verstehen wir den Widerstand, den ein Lebewesen unangenehmen Eindrücken entgegensetzt. Er drückt sich auf zweierlei Weise aus. Die eine betrifft den augenblicklichen Eindruck, zum Beispiel die Einwirkung eines Schmerzes, die andere, wie lange dieser unangenehme Eindruck im Gedächtnis haften bleibt. Hat ein Hund zum Beispiel einmal unangenehme Erfahrungen mit einem Auto gemacht, so wird ein weicher Hund noch längere Zeit nach diesem Erlebnis vor jedem Auto erschrecken. Die unangenehme Reizverknüpfung Auto = Schmerz hat sich tief in seinem Gedächtnis festgesetzt. Ein besonders harter Hund wird unmittelbar nach einem solchen Erlebnis unbekümmert das nächste Auto anspringen. Er hat den schmerzhaften Schlag rasch vergessen.

Führigkeit nennen wir die Neigung und Fähigkeit des Hundes, sich in die Meutengemeinschaft Mensch-Hund einzufügen und dem Menschen willig die Führerrolle zu überlassen. Ein führiger Hund ist leicht lenkbar und geht auf jede vernünftige und sinngemäße Einwirkung gern ein.

Es läge nahe, diese Führigkeit mit Weichheit zu verwechseln. In Wirklichkeit besteht jedoch ein grundsätzlicher Unterschied: Der weiche Hund ist nur insoweit lenkbar, als er derbem Zwang ausweicht und ihn lange im Gedächtnis behält. Der führige Hund folgt auch ohne Zwang, sogar noch besser, wenn dieser vermieden werden kann. Beide Eigenschaften existieren als Kombination. Es gibt harte und zugleich führige, weiche und führige, aber auch harte und unführige sowie weiche und unführige Charaktertypen.

Der Hund lernt auch durch Nachahmung; eine gute Hundemutter in der Welpenzeit schafft Grundlagen für die spätere Charakterentwicklung.

Während das Temperament eine angeborene Eigenschaft des Einzeltieres ist, haben wir es bei der Ausdauer mit einer körperlichen Verfassung des Hundes zu tun, die sich bei jedem gesunden Tier durch systematisches Bewegungstraining erzielen läßt. Es dient der Kräftigung von Herz, Lunge, Kreislauf, Muskeln und Bändern und verhindert das Auftreten von Ermüdungserscheinungen.

Die Reize, die die beschriebenen Reaktionen auslösen, können aus den verschiedensten Sinnessphären stammen, also sowohl Geruchs-, Gesichts- als auch Gehör- oder Tastreize sein. Sie werden entweder mit angenehmen oder unlustbetonten Gefühlsregungen beantwortet. Hemmungen eines Triebes rufen gewöhnlich Unlustgefühle hervor, Erregungen meist Lustgefühle. Der amerikanische Tierpsychologe Thorndyke umschrieb das mit dem Satz:»Es ist lustvoll, sich aufzuregen.« Eine ähnliche Befriedigung sagt man dem Menschen nach, wenn er sich über andere Artgenossen empören darf.

Natürlich gäbe es noch andere Triebe und Eigenschaften, nach denen wir einen Hund individuell erkennen und beurteilen können. Wir behandeln hier nur diejenigen, welche im täglichen Zusammenleben des Hundes mit den Menschen, noch mehr jedoch für die sportliche oder berufliche Ausbildung besonders hervorstechend sind. Für die Ausbildung zum Diensthund eignen sich die mittleren Temperamentslagen am besten.

Der Mensch als Meuteführer

Mensch und Hund sind ihrer sozialen Veranlagung nach Herdentiere. Im Gegensatz zu den Einzelgängern des Naturreichs gehört es zu ihren Lebensprinzipien, sich mit ihresgleichen in Gruppen zusammenzuschließen. Mit fortschreitender Arbeitsteilung beim Kampf ums Dasein entwickelten die Menschen immer höhere Formen des organisierten Zusammenlebens. Der Hund hingegen orientiert sich an der Urform seiner wild lebenden Vorfahren, also der gemeinsam jagenden Raubtiermeute. Wir wissen heute aus der vergleichenden Verhaltensforschung, daß die Tiere in freier Wildbahn ihr Gemeinschaftsleben nach ganz bestimmten Regeln und Ritualen ordnen. Je nach den Lebensnotwendigkeiten einer Herde oder eines Rudels richtet sich der Rang des einzelnen in der Hierarchie seiner Gruppe. Entscheidend für das Ausleseverfahren sind jene Triebe und Eigenschaften, die für die Daseinsform der Gruppe ganz besonders hochwertig sind. In einer Schafherde zum Beispiel muß der Leithammel in der Lage sein, Gefahren möglichst früh zu wittern, um seine Artgenossen aus der Gefahrenzone zu führen. Auch muß er über besonders gut ausgebildete Instinkte beim Aufspüren sicherer Weideplätze verfügen. In einem Wolfsrudel hingegen kämpfen die Rivalen ihre Rangordnung nach völlig anderen Gesichtspunkten aus. Hier ist jenes Tier zum Anführer berufen, das sich durch besonderen Schneid beim Angriff auszeichnet. Außerdem muß es über einen besonders feinen Geruchssinn und genügend Ausdauer verfügen, um eine Beute aufzuspüren und sie hartnäckig zu verfolgen. Die anderen Wölfe gewöhnen sich daran, dem Leittier zu folgen und es als Führer bei der Jagd anzuerkennen. Diesen Meuteninstinkt übertrugen die Hunde auf ihre neuen, zweibeinigen Herrn, als sie mit ihnen gemeinsam zur Jagd ausschwärmten. Den Wildhunden mag das um so leichter gefallen sein, da die Steinzeitmenschen ebenfalls in Horden und Rudeln zur Jagd zogen, in einer primitiven Gemeinschaftsform also, die sich nicht sehr von einer Wolfsmeute unter-

schied. Allerdings sprengte in dieser gemischten Hund-Menschen-Meute die soziale Bindung die Grenzen der Art. Den Menschen kam dank ihrer überlegenen Intelligenz und Körperkraft von vornherein die Führungsrolle bei dem gemeinsamen Jagdhandwerk zu.

Wir können unsere eigene Rolle in der natürlichen Vorstellungswelt des Hundes am besten begreifen, wenn wir das Bild von einer Hundemeute und ihrem Leittier auf das Verhältnis von Hund und Herr übertragen. Die Treue des Hundes zu uns und unserer Familie ist die Treue zu seinem Rudel und dem Meuteführer. Wenn er uns gehorcht, so deshalb, weil ihm seine Urinstinkte immer noch befehlen, dem Anführer seines Rudels bei der Jagd zu folgen. Wir werden unseren Hund nur dann richtig erziehen und ausbilden, wenn wir bereit sind, in seinem Leben diese Rolle zu übernehmen.

Im Meutetrieb des Hundes erkennen wir zugleich eine typische Eigenschaft, die es ihm ermöglicht hat, sich in die Gemeinschaft der Menschen einzuordnen.

Hier sei noch erwähnt, daß es Hunde gibt, hauptsächlich Rüden, die zum Rudelführer geboren zu sein scheinen. Im Alter von etwa $1\frac{1}{2}$ Jahren versuchen sie, die Führung ihres Rudels, also ihrer Familie, zu übernehmen und beginnen mit ihrem Herrn um diesen Platz zu kämpfen, was mitunter für den Besitzer recht schmerzhaft ausgehen kann, je nach

Größe und Kraft des Hundes. Jede Auflehnung des Hundes gegen seinen Herrn muß gleich im Keim nachhaltig unterdrückt werden, denn wer diesen Kampf gewinnt, ist Rudelführer, und das ein Hundeleben lang. Unsere Erziehungsmethoden bei Hunden laufen darauf hinaus, alle jene Erbanlagen und Eigenschaften auszubilden und zu fördern, die ihnen und uns das Zusammenleben erleichtern. Umgekehrt hemmen wir jene Triebe und Anlagen, die ihnen das Einfügen in eine vorgegebene Gemeinschaft erschweren.

Verdeutlichen wir uns das an der Erziehung zur Stubenreinheit, einer Aufgabe, die uns später noch ein ganzes Kapitel lang beschäftigen wird. Schon ein Welpe kennt den Urinstinkt, sein eigenes Lager nicht zu beschmutzen. Unsere Reinlichkeitserziehung läuft darauf hinaus, ihm durch Lob und Tadel begreiflich zu machen, wo er sein Geschäft ungestraft verrichten darf. Dabei, wie auch später bei der Ausbildung für sportliche Leistungen oder zum Diensthund, bedienen wir uns eines Systems von Reizverknüpfungen, die schließlich im Gedächtnis des Tieres haften bleiben.

Der Unterschied zwischen Erziehung und Ausbildung wäre etwa derselbe wie zwischen Kindergarten und Schule. Zunächst muß ein Hundekind lernen, sich möglichst reibungslos in eine vorgegebene Umwelt einzufügen. Die Ausbildung verfolgt hingegen den Zweck, dem Hund bestimmte sportliche oder nützliche Fertigkeiten beizu-

bringen. Charakter und Anlagen des einzelnen Tieres bestimmen seine Verwendungsfähigkeit. Nicht jeder Hund ist für jede Aufgabe zu gebrauchen. Ein ängstlicher Hund ist ungeeignet für den Schutzdienst, kann aber dank einer vorzüglichen Nase ein erstklassiger Suchhund werden.

Wir verständigen uns mit dem Hund

Unter seinesgleichen verständigt sich der Hund zwanglos in einer eigenen Sprache aus Lauten, Gebärden und Gerüchen. Auch Tiere anderer Arten verkehren untereinander mit ihren naturgegebenen Ausdrucksmitteln. Denken wir zum Beispiel an den Eichelhäher im Wald, bei dessen Warnruf andere Vögel davonfliegen. Hunde verstehen ebenfalls den Affektausdruck anderer Tiere, beispielsweise das Betteln oder Drohen einer Katze oder das Schimpfen von Enten und Hühnern, die sich gestört fühlen. Wir hielten neben unseren Hunden eine große Katzenmeute und hörten bisweilen regelrechte Zwiegespräche. Dem Menschen gegenüber hat der Hund dank seiner feinen Ohren und seiner Intelligenz ein beträchtliches passives Wortverständnis entwickelt. Seine Fähigkeit, menschliche Lautäußerungen und ihre Bedeutung zu unterscheiden, ist weit größer als das eigene Vermögen, selbst aktive Lautäußerungen von klar umschriebener Bedeutung zu produzieren. Bis zu etwa 200 Worte jeder menschlichen Sprache lernt der Hund verstehen, nicht nur die reinen Hörzeichen. Freilich, während der Mensch gut unterscheidbare Laute artikuliert und darüber hinaus in einer hochentwikkelten Begriffssprache redet, beschränkt sich die Hundesprache auf die Mitteilung von Affekten. Durch Bellen, Winseln, Jaulen oder Knurren drückt er jeweils ganz bestimmte Gefühlsregungen aus. Reflektierend beschreiben kann er sie nicht. Er kann uns also nicht erzählen, daß ihm gestern das Futter besonders gut geschmeckt hat, daß er heute seinen Freund besuchen will oder daß er Nachbars Hund ein paar Straßen weiter für einen blöden Kerl hält.

Die Lautsprache des Hundes ist stets an unmittelbare Regungen gebunden. Er kann diese Affekte noch durch Aussenden von Gerüchen und Gebärden unterstreichen. Von der Geruchssprache, mit der die Hunde an Straßenbäumen und Laternenpfählen ihr Revier abgrenzen, sind wir Menschen mangels feiner Witterung ausgeschlossen.

Wollen wir die Eigenwelt unseres Hundes richtig verstehen, so müssen wir uns immer wieder klar machen: Der Leitsinn des Hundes ist die Nase, der des Menschen dagegen das Auge. Das hat ganz bestimmte praktische Konsequenzen für die beiderseitige Verständigung und das Zusammenleben. Mensch und Hund leben in der gleichen Welt, jeder für sich jedoch in einem besonderen Teil. Wir nehmen

sie gewissermaßen durch verschiedene Gucklöcher wahr. Bei gleichartigen Objekten gehen die Qualitäten des Eindrucks weit auseinander. Ein schöner, eleganter Mensch wird auf unser optisches Eindrucksvermögen angenehm wirken. Den Hund jedoch könnte es furchtbar aufregen, da unser Vierbeiner den Geruch dieses Menschen abscheulich findet. Das gilt aber nicht nur für die Sinneswahrnehmung, sondern auch für die Interessensphären.

Verdeutlichen wir uns das bei einem imaginären Spaziergang aus der Vorstadt in die City.

Wir bewundern von einem Aussichtspunkt das Panorama der Umgebung. Unseren Hund interessiert dieses Bild überhaupt nicht. Er riecht den Boden derweil nach Fährten ab, von denen wir gar nichts merken. Wir bleiben vor einem Baum stehen und atmen den Blütenduft. Der Hund schnuppert am Stamm, wo kurz zuvor ein Artgenosse das Bein gehoben hat. Der Harngeruch ist für ihn so etwas ähnliches wie eine Bekanntschaftsanzeige. Im Einkaufszentrum bewundern wir die Schaufensterauslagen, während unseren Hund allenfalls ein Fleischerladen interessieren könnte.

In seiner Eigenwelt erregender Gerüche und Spuren können wir dem Hund wegen unterschiedlich entwikkelter Sinnesorgane also nicht folgen. Umgekehrt müssen wir bei seinem Verhalten berücksichtigen, daß er im Zweifelsfall eher seinem Geruchssinn als seinen Augen und Ohren traut. Es ist so gut wie sicher, daß Mensch und Tier bei verschiedenen Gemütszuständen verschiedene Duftstoffe ausströmen. Der Hund kann also, ohne daß wir es zu erkennen geben wollen, Angst, Wut oder Freude seiner menschlichen Hausgenossen erriechen. Wenn wir zum Beispiel begütigend auf das Tier einreden, innerlich jedoch vor Zorn über seinen Ungehorsam kochen, so spürt der Hund diesen Affekt. Wir müssen dies später bei der Erziehung oder Ausbildung berücksichtigen.

Da Hunde gute Beobachter sind, erraten sie unsere Gedanken und Gefühle leicht an unserer Körpersprache, sogar an unbewußten Gesten und Spannungszuständen. Ihre richtigen Reaktionen werden dann fälschlich als Gedankenübertragung gedeutet.

Wir sollten uns – schon im Hinblick auf spätere Erziehungsfehler – das berühmte Beispiel des »klugen Hans« vor Augen halten, jenes lesenden und rechnenden Pferdes, das nach dem ersten Weltkrieg die Gemüter erregte. Dieses Tier konnte nach einem Morsecode auf alle möglichen Fragen klopfend die richtige Antwort geben und sogar auf Tafeln geschriebene Fragen beantworten. Führende Wissenschaftler verließen kopfschüttelnd den Stall. Ein Schwindel schien ausgeschlossen. Der »kluge Hans« antwortete nicht nur seinem Besitzer, einem Herrn von Osten, und dem Pfleger, sondern auch fremden Personen, selbst wenn seine beiden Freunde nicht im Stall waren.

Erst ein Dozent, Dr. Pfungst von der Berliner Universität, löste das Rätsel. Nachdem Hans auch diesem Forscher alle Fragen richtig beantwortet hatte, kam der Wissenschaftler auf die Idee, dem Pferd eine gedruckte Frage so vorzuhalten, daß niemand deren Inhalt oder die Antwort wußte. Hans klopfte ohne Unterbrechung weiter. Das Pferd hatte sich durch Selbstdressur darauf eingestellt, die unbewußten Spannungs- und Erwartungsgesten von Prüfern und Zuschauern richtig zu deuten. Es merkte genau, wie lange es zu klopfen hatte und wann die Umstehenden das Ende erwarteten. Es war wirklich ein kluges Tier, da es gelernt hatte, feinste Sinnesäußerungen des Menschen wahrzunehmen. Von Mathematik verstand es jedoch nichts.

Im Gefolge des »klugen Hans« trat auch eine Reihe von Hunden auf, die auf alle möglichen Fragen überraschend mit Bell- und Klopflauten antworteten. Auch hier schien es sich um ein Phänomen zu handeln, das der landläufigen Auffassung über die Intelligenz von Tieren widersprach. So antwortete ein abgerichteter Dackel namens Karneval auf die Frage »Welches Denkmal steht vor der Stadtkirche?« ohne Zögern mit dem Namen des Dichters Johann Gottfried Herder. Als man wissen wollte »Wen wirst Du bei der nächsten Wahl wählen?« kam als Antwort: »Hindenburg«.

Auch bei diesen Versuchen war der sogenannte »Fehler des klugen Hans« – heute ein Spezialausdruck in der Tierpsychologie – mit im Spiel. Die Antworten geben in Wirklichkeit die Abrichter, nicht die Hunde. Bell- und Klopflaute nach einem erlernten Morsecode wurden den Vierbeinern durch subtile Signale der Versuchsleiter suggeriert, etwa durch minimale, kaum bewußte Veränderungen in der Körperhaltung.

Aus diesen Versuchen halten wir fest: Je intensiver der Kontakt zwischen Mensch und Hund ist, desto besser prägt sich das beiderseitige Verständnis aus. Der Hund ist ein besonders geeigneter Partner für Beobachtungen über die Verständigungsmöglichkeiten zwischen Mensch und Tier. Er tut alles, um den Menschen zu verstehen, will allerdings auch von uns verstanden werden.

Nach einiger Bekanntschaft werden wir leicht erkennen, in welcher Stimmung sich unser Freund befindet, ob er etwas verlangt oder etwas ablehnt, ob ihn etwas besonders aufregt und in welchem Maße. Wir studieren dazu auch seine Körpersprache, die Haltung seiner Rute und seiner Ohren oder den Zustand des Fells. Die Gebärden unseres Hundes bleiben uns im Gegensatz zu seinen Ausdünstungen nicht lange fremd. Wenn wir mit ihm sprechen, dann so deutlich und akzentuiert, daß er vom Ton her begreift, was gemeint ist. Wir hatten einen Hund dazu gebracht, daß er auf unsere Fragen deutliche Laute für Bejahung und Verneinung von sich gab. Wenn er etwas wollte, sah er uns mit einer bestimmten, auffordernden Ge-

bärde und verlangenden Augen an. Wir fragten ihn dann: »Willst Du fressen? Willst Du Wasser haben? Willst Du spazierengehen?«

Natürlich hatte jede dieser Lautfolgen für ihn eine bestimmte Bedeutung. Wir können also sagen, daß er sie verstand. Sein »Ja« war ein Wunschlaut, ein kurzes scharfes Bellen, das wir als »ich will« interpretierten. Als Verneinung gab er einen lang gedehnten Ton der Unlust von sich. Wir konnten sogar noch weiter gehen und unseren Hausgenossen fragen, ob er dieses oder jenes Futter, etwa Fleisch oder Milch, haben wolle. War eine der bei uns lebenden Hündinnen läufig, kam der Rüde zu uns mit verlangender Gebärde. Wir fragten ihn dann die Namen aller unserer Hündinnen ab, bekamen aber ein deutliches »Nein« zu hören, bis wir schließlich zum Namen der interessant riechenden Hundedame gelangten.

Einmal machten wir einen Scherz. Wir flochten in die Aufzählung den Namen eines Rüden ein. Wir hörten ein deutliches, ungeduldiges »Nein« und glaubten, darin eine gewisse Verwunderung über unsere Dummheit zu erkennen. Wir haben unseren Hund auch vor Zeugen getestet, um sicher zu gehen, daß seine klar unterscheidbaren Antworten nicht auf Einbildung beruhten.

Ein anderer Hund, Mowgly, brachte es sogar fertig, primitive Sätze aus einfachen Worten richtig zu deuten. Die Fähigkeit, kompliziertere Aneinanderreihungen von Klangfolgen zu verstehen, wird einem Tier in der Psychologie im allgemeinen nicht zuerkannt. Bei diesem Hund verwendeten wir als Versuchsraum eine Diele im ersten Stock. Sie war vom Erdgeschoß nur durch eine Wendeltreppe erreichbar. Eine Einsicht von unten nach oben und umgekehrt gab es nicht. Jede optische Beeinflussung des Hundes, etwa nach dem »Fehler des klugen Hans«, blieb daher ausgeschlossen. Wir riefen von unten: »Oben! Fressen für Mowgly! Fressen verboten, apportieren!« oder »Oben! Futter für Mowgly! Fressen erlaubt!« Beim letzten Satz hörten wir Mowgly schmatzend fressen. Beim Verbot je-

doch kam er mit trauriger Miene die Treppe herunter, die Wurst wie ein Bringholz im Maul. Wir unternahmen diesen Test beliebig oft in beliebiger Reihenfolge. Das Ergebnis war natürlich nur beweiskräftig, wenn Mowgly tatsächlich Hunger hatte.

Mowgly und seine Artgenossen sind also durchaus imstande, Gebärden und Laute ihrer menschlichen Meutengenossen zu verstehen und zu befolgen, soweit diese Signale für sie Bedeutung haben. Deshalb reagieren sie nach einiger Zeit richtig auf unsere Lautzeichen, wie »Sitz!«, »Platz!«, »Bei Fuß!« und andere klar umschriebene Lautzeichen. Der Mensch kann durch

Schäferhund beim Bewachen eines Gegenstandes (Einkaufstasche)

seine artikulierte Silbensprache natürlich sehr viel mehr aussagen, als dem
Verständnis des Hundes zugänglich
ist. Was er sich merkt und begreift,
hängt von der Zahl der speziell für ihn
bestimmten Lautfolgen, aber auch
von seiner individuellen Intelligenz
und Aufnahmefähigkeit ab. Was der
Mensch an der Laut- und Gebärden-
sprache des Hundes versteht, richtet
sich nach dem beiderseitigen Kontakt
und der eigenen Beobachtungsgabe.
Je mehr Zeit wir dem Tier widmen,
um so schneller und besser lernen wir
einander kennen und damit verstehen. Ein im Haus gehaltener Hund ist
hier in einer günstigeren Lage als ein
Zwingerhund, der nur manchmal den
direkten Kontakt zu seinem Herrn
hat. Allerdings wird sich ein Zwingerhund auch reibungsloser in eine neue
Umgebung, an einen personifizierten
Herrn gewöhnen.

Der richtige Hund
am richtigen Platz

Wer sich einen Hund anschafft, über-
nimmt eine Verantwortung. Vorher
sollten wir uns genau überlegen, was
wir von ihm wünschen und erwarten,
an Charakter wie auch an Aussehen.
Umgekehrt müssen wir uns einer
strengen Selbstprüfung unterziehen,
ob wir für die Hundehaltung geeignet
sind. Ein sehr labiler, launischer und
inkonsequenter Mensch sollte sich
lieber keinen Hund halten. Außerdem
ist festzustellen, ob wir einem Tier die

ihm artgemäßen Lebensbedingungen bieten können und genügend Zeit
für ihn haben. Es gibt schon viel zu
viele neurotische Hunde in unseren
Großstädten, als daß wir deren Zahl
noch vergrößern müßten.
Bei der Vorauswahl unter den verschiedenen Rassen spielen in jedem
Fall unsere Wohnverhältnisse eine
Rolle. Gewöhnlich scheidet aus diesem Grund schon eine ganz bestimmte Zahl von Rassen aus. Dann
suchen wir unter den noch möglichen
die Kandidaten aus. Das Tier muß in
etwa mit der Mentalität des Besitzers
übereinstimmen. Ein ruhiger Mensch
sollte sich keinen überaus temperamentvollen Hund anschaffen, genau-
sowenig wird ein besonders lebens-
lustiger Freude an einem Phlegmati-
ker haben. Es ist nicht Aufgabe dieses
Buches, die verschiedenen Rassen zu
beschreiben. Dazu verweisen wir auf
die reichhaltige Spezialliteratur. Zur
Vorinformation empfehlen sich Besu-
che bei Zwingern, Gespräche mit
Züchtern und einschlägig erfahrenen
Hundebesitzern.
Durch eine solche Vorauswahl können wir uns und unserem vierbeinigen Hausgenossen am besten beiderseitige Enttäuschungen ersparen.
Die äußeren Bedingungen, die er bei
uns vorfindet, spielen für das gedeih-
liche Zusammenleben und den Erfolg
unserer Erziehung eine wichtige Rolle. Ein Hund, der viel Auslauf braucht,
kann uns zuliebe seinen Bewegungs-
trieb nicht unterdrücken. Er wird ver-
fetten und seelisch verkümmern. Wer

mit empfindlichen Nachbarn zusammenwohnt, sollte sich keinen temperamentvollen Kläffer ins Haus holen. Seine Qualitäten als treuster Gefährte und Gehilfe des Menschen wird jeder Hund nur unter entsprechenden Lebensbedingungen voll entfalten können. Wir dürfen ihn also keinesfalls aus falscher Sentimentalität oder Liebe vermenschlichen wollen, sondern müssen ihn als eigene Persönlichkeit und eigenes Lebewesen achten. Kurzum: Ob ein Hund mit uns glücklich wird und wir mit ihm, hängt zunächst davon ab, ob er am richtigen Platz ist.

Vor der Anschaffung eines Hundes sollten wir uns genau überlegen, was wir von ihm wünschen und erwarten – an Charakter wie auch an Aussehen

Grundregeln der Erziehung

Reizverknüpfung als Erziehungssprache

Ein Naturgesetz besagt: *Alles Lebendige strebt nach Lust und meidet Unlust.* Wir bedienen uns dieses Prinzips, wenn wir unseren Hund erziehen oder ausbilden. Alle von uns erwünschten Verhaltensweisen verknüpfen wir für den Hund mit Annehmlichkeiten und Lusterlebnissen. Umgekehrt unterdrücken wir unerwünschte Eigenschaften oder Verhaltensweisen des Tieres, indem wir sie mit Unannehmlichkeiten und Unlustgefühlen verbinden. Durch ein System von Reizverknüpfungen teilen wir dem Hund also in einer ihm begreiflichen Weise die Welt in »gut« und »böse« ein. Lusterlebnisse signalisieren ihm erlaubtes, Unlustreize unerlaubtes Verhalten.

Der Hund hat durch unzählige Generationen des Zusammenlebens mit dem Menschen gelernt, sein Verhalten den Wünschen seines zweibeinigen Meuteführers anzupassen. Sein eigenes Lustgefühl ist dadurch stark an Lustäußerungen des Menschen gebunden, während er umgekehrt Zorn- und Unmutsäußerungen seines Herrn mit eigenen Unlustgefühlen verknüpft. Gewissermaßen an einer unsichtbaren Leine lenken wir diese Verhaltensimpulse in die von uns vorgesehene Richtung.

Auf milde Weise dirigieren wir mit Lautfolgen, Beispielen und Gebärden. Wo das nicht ausreicht, greifen wir zu einem gröberen Reiz, physischem Zwang. Wir bringen den Körper des Hundes in die gewünschte Lage oder Haltung und loben ihn sofort, wenn er folgt. Umgekehrt tadeln wir ihn energisch, wenn er aus eigenem Willen seine Körperlage ändert.

Gewisse Dinge, die wir von unserem Gefährten verlangen, sind von vornherein mit Unlust verknüpft. Wenn er deshalb den Befehl verweigert, dann müssen wir diese Unterlassungssünde mit noch stärkeren Unlustgefühlen verbinden. Dann lernt der Hund, das kleinere von zwei Übeln zu wählen, etwa nach dem Motto, daß ein Verdurstender lieber Schmutzwasser trinkt als in der Wüste stirbt. Wir müssen uns bei der Erziehung immer vor Augen halten, daß es nur vordergründig um die richtige Verteilung von Lob und Strafe geht. Tatsächlich kommt es darauf an, im Tier die richtigen Verknüpfungen von Lust und Unlust mit bestimmten Verhaltensweisen einzuprägen.

Wenn der Hund ein Verbot mißachtet, so nicht, weil er böswillig wäre oder uns ärgern wollte. Seine Natur drängt ihn zu bestimmten Verhaltensweisen und Reaktionen. Er vermag nicht einzusehen, warum sein Herr ihm dies oder jenes verbietet oder dies oder das erlaubt. Er tut das eine oder unterläßt das andere, wenn wir ihm die richtigen Reizverknüpfungen suggerieren. Bei jedem Versagen oder vermeintlichem Ungehorsam des Hundes müssen wir zunächst prüfen, welche Fehler wir eventuell selbst begangen haben. Unsere Kunst bei der Erziehung besteht darin, durch richtige Einwirkung auf seine Triebe und Anlagen den von uns erstrebten Gleichgewichtszustand herzustellen. Hierzu ein Beispiel: Wir haben unseren Hund durch Zwang und Verbote dazu gebracht, gefundene Brocken aufzunehmen, aber nicht zu fressen. Treiben wir diese Entwicklung jedoch zu weit, dann wagt der Hund schließlich überhaupt nicht mehr zu fressen. Wir haben seinen natürlichen Nahrungstrieb zu stark gehemmt und damit den Gleichgewichtszustand zerstört.

Dazu kommt ein zweites Prinzip, dessen praktische Nutzanwendung wir später noch ausführlich kennenlernen werden: Wir müssen Lob und Tadel stets im richtigen Moment einsetzen. Bestrafen wir den Hund erst eine Viertelstunde nach einem Fehltritt, so kann er sein unerlaubtes Verhalten mit den tadelnden Worten nicht mehr in Zusammenhang bringen. Wir setzen dann eine falsche Reizverknüpfung, die unvermeidlich zu neuen Fehlleistungen des Tieres führt. Sinngemäß gilt das Prinzip der Gleichzeitigkeit auch für die Verteilung von Lob. Oft müssen wir blitzschnell von Schimpfen auf Lob oder umgekehrt

umschalten, sobald der Hund sein Verhalten ändert.

Wenn wir ein Jungtier mit seinem Namen anrufen, es stets freundlich oder sogar mit einem Leckerbissen empfangen, so wird sich in seinem Kopf bald die Erfahrung festsetzen, daß es angenehm ist, bei einer bestimmten Lautfolge zu seinem Herrn zu eilen. Der Ruf seines Namens und der freundliche Empfang verknüpfen sich zu einem einheitlichen Wohlgefühl. Schimpfen wir den Hund nach einem lockenden Ruf dagegen aus oder schlagen ihn sogar, dann erreichen wir das Gegenteil. Sein Name, den er durch eine bekannte Lautfolge wahrnimmt, würde sich für ihn mit Unlustgefühlen verknüpfen. Wir würden ihm vielleicht unbeabsichtigt beibringen, auf unseren Ruf davonzulaufen. Auf der Straße hat man des öfteren Gelegenheit, solche durch Fehlverknüpfungen verschüchterten Hunde und ihre verärgerten, aber ahnungslosen Herren zu sehen.

Konsequenz als eisernes Gebot bei der Hundeerziehung ist so wichtig, daß wir sie noch an einem zweiten Beispiel erläutern wollen. Wir wohnen in der Nähe eines Waldes und wünschen nicht, daß unser Hund wildert. Wir geben ihm Gelegenheit, angeleint an einem geeigneten Platz nach Fährten zu schnuppern. Jedesmal, wenn der Hund mit gesenkter Nase eine Wildfährte aufnimmt, reißen wir ihn mit energischen Verbotsworten und einem scharfen Ruck an der Leine zurück. Ist der Hund nicht mehr ganz jung und seine Spürlust nur noch schwer zu hemmen, können wir das Verbot durch Benutzung eines Stachelhalsbandes verdeutlichen, was den unlustbetonten Reiz noch wesentlich stärker in seinem Gedächtnis haften läßt.

Hat der Hund bei einem Spaziergang im freien Gelände aber doch eine Wildfährte aufgenommen oder gar Wild gehetzt, dann wäre es grundverkehrt, ihn mit Schimpfen oder Prügeln zu empfangen, selbst wenn er unser Rufen und Pfeifen mißachtet hat. Er würde dann das Zurückkommen mit Unlustgefühlen verknüpfen, nicht aber die Hatz nach dem Hasen. Richtig wäre es, den Hund lobend zu empfangen, ihm aber bei anderer Gelegenheit erneut das Verbot einzuschärfen.

Unsere Erziehungsmittel müssen wir je nach Veranlagung und Charakter des Hundes individuell dosieren. Bei eigenwilligen Tieren wird man unter Umständen stärkeren Zwang anwenden müssen, während bei einem sensiblen Hund bereits leichte Scheltworte dieselben Unlustgefühle auslösen.

Der Empfang und die Eingewöhnung gestalten sich natürlich verschieden, je nachdem, ob man ein Jungtier anschafft oder einen ausgewachsenen, womöglich ausgebildeten Hund.

Grundsätzlich sollten wir unseren neuen Hausgenossen immer beim Vorbesitzer abholen. Wenn das Tier gebracht wird, sucht es – plötzlich in einer fremden Umgebung alleingelassen – den ihm vertrauten Menschen, und wird die erste Gelegenheit benutzen um zu entkommen.

Wichtig ist es, sich mit dem Tier in den ersten Stunden intensiv zu beschäftigen; das Familienmitglied, das dies tut, sichert sich einen beträchtlichen Vorsprung in bezug auf die Anhänglichkeit des Tieres.

Wird das Tier in einem Transportkorb oder einer Kiste zugeschickt, dann spricht ihm der zukünftige Hauptherr noch in dem Gefängnis freundlich zu. Er nennt es beim Namen, läßt es durch das Gitter an seiner Hand riechen und reicht ihm etwas Futter. Bei einem Jungtier erübrigen sich besondere Vorsichtsmaßnahmen. Bei erwachsenen, besonders jedoch bei mißtrauischen Hunden entlassen wir den Neuling erst dann aus seinem Gefängnis, wenn er keine ausgesprochenen Aggressionen mehr gegen seinen neuen Besitzer zeigt. Meist hat die Gefangenschaft den Hund so zermürbt, daß er froh und glücklich ist, wieder freizukommen. Den Befreier, der ihn mit seinem Namen anruft, wird er meist freundlich begrüßen. Damit der Ankömmling nicht überflüssig verwirrt wird, beschränken wir den Teilnehmerkreis der Empfangszeremonie auf nur eine andere Person. Den Behälter öffnen wir an einem ruhigen und abgeschlossenen Ort, damit der Hund nicht entweicht. Ein Jungtier verspürt gewöhnlich das Bedürfnis, sich erst einmal gründlich zu entleeren. Wir bieten ihm dazu einen geeigneten Platz, sonst sucht es sich einen Ort nach eigenem Ge-

schmack aus. Dann könnten die ersten Mißtöne entstehen.
Ältere Tiere ergreifen wir beim Verlassen der Kiste am Halsband. Wir streicheln sie, wobei wir liebevoll ihren Namen wiederholen und ihre Gunst mit einem Leckerbissen erkaufen. Dann bekommt der Hund – angeleint oder frei – ebenfalls Gelegenheit, an einem von uns bestimmten Ort seine Geschäfte zu verrichten.
Ist diese wichtige Angelegenheit glücklich erledigt, bieten wir unserem neuen Mitbewohner Wasser an, später auch Futter. Meistens hat er auf der Fahrt längere Zeit gehungert. Deshalb geht er gern an die Schüssel. Verweigert der Hund das Futter, dann hat man ihn vor der Abreise überfüttert. Er könnte allerdings auch zu ängstlich sein, in der neuen Umgebung zu fressen. Möglicherweise ist sein Magen nicht in Ordnung oder er ist anderweitig erkrankt, was nach einer Reise ebenfalls in Betracht gezogen werden sollte. Man hat sich selbstverständlich vorher erkundigt, was, wann und wie oft der Hund gewohnt ist zu fressen. Jede Futterumstellung kann zu Verdauungsstörungen und Durchfall führen.
Wechselt das Tier den Besitzer, so sollten wir seine bisherigen Lebensgewohnheiten in bezug auf Fütterung und Haltung nicht sofort radikal ändern. Das Lager muß trocken und vor allem zugfrei sein. Auch wenn es im Freien aufgezogen wurde, konnte es sich in der Kiste bei Mutter und Geschwistern an einer natürlichen Zentralheizung erwärmen. Bei uns ist es allein und ohne die gewohnte Nestwärme. Das könnte, vor allem in der kälteren Jahreszeit, in gleicher Weise seiner Gesundheit wie seiner seelischen Eingewöhnung schaden.
Es wäre roh und überdies unklug, das Jungtier gleich nach der Übernahme allein einzusperren. Wir sollten vielmehr alles unternehmen, um ihm den Abschied von Mutter und Geschwistern so leicht wie möglich zu machen. Das können wir am besten durch unsere Gesellschaft. Wir setzen den Welpen auf das ihm zugedachte Lager und lassen ihn von dort aus seine neue Umgebung selbst erkunden. Wir bleiben aber bei ihm. Dann werden ihm der neue Geruch und damit auch sein neuer Herr oder die neue Besitzerin bald vertraut sein. Wenn wir uns mit ihm beschäftigen und spielen, hat sich der Junghund sehr schnell eingewöhnt.
Es ist wichtig, die beiderseitige Bekanntschaft in dem Raum zu schließen, der dem Hund später als Aufenthaltsort dienen soll. Sonst müßte er sich an den fremden Ort noch extra gewöhnen.
Hat der Hund in einem Raum bereits geschlafen, gefressen und gespielt, dann ist ihm das Zimmer dadurch so vertraut geworden, daß er ohne allzuviel Gejammer darin allein zurückbleibt – am Anfang natürlich nur für kürzere Zeit. Am besten übernehme man einen Junghund deshalb vormittags. Dann hat er sich bis zum Abend einigermaßen eingewöhnt. Eine Stö-

rung der Nachtruhe wäre in diesem Fall weniger zu befürchten. Wenn wir bei ihm schlafen, so wird der Hund die erste Nacht ohne größeren Weltschmerz überstehen. Wir bemerken dann auch, wenn er unruhig wird und können durch schnelles Hinaustragen des Hundes die Verunreinigung des Zimmers vermeiden. Ist das nicht möglich, dann wird der Hund vor allem in den ersten Nächten jammern und seine Sehnsucht in die Welt hinausheulen.

Sofern es nicht die Rücksicht auf die Nachbarn verbietet, läßt man ihn ruhig jammern, bis er von allein aufhört. Sonst muß man durch Zanken und Scheltworte auf ihn einzuwirken suchen. Auf keinen Fall jedoch darf man zu ihm gehen, ihn trösten und eine Zeitlang bei ihm bleiben. Wenn er dann wieder allein gelassen wird, heult der Hund nur um so lauter, um den Tröster herbeizurufen.

Mit Rücksicht auf die Nachbarn gibt man lieber klein bei und nimmt ihn doch wieder zu sich. Dann muß man die Eingewöhnungsprozedur etwas in die Länge strecken und ihn bei Tage zielbewußt an das Alleinsein gewöhnen. Wir lassen unseren Hund in dem ihm zugewiesenen Raum ruhig eine Zeitlang heulen. Falls er nicht aufhört, greifen wir energisch mit Tadeln und Verbotsworten ein, deren Wirkung wir durch einen Genickgriff verstärken. Das versteht der Welpe am besten, da die Mutter ihn genauso gestraft hat. Schläge mit der Hand machen das Tier handscheu.

Kennt der Hund die besonderen Worte für Tadel und Lob noch nicht, dann muß er sie unter allen Umständen in den ersten Tagen verstehen lernen. Die Worte für Lob und Tadel wählen wir selbst. Als Verbotswort am besten »Pfui!«. Die Worte können wir frei nach unserer Phantasie wählen. Sie sollten jedoch der Situation angepaßt und verständlich sein. Als Lobworte empfehlen wir: »So ist's brav«, »Brav, brav mein Hund« oder »Bravo, Bravo«. Zum Tadeln wählen wir zwei abgestufte Formen. Milde Ermahnungen sprechen wir langgedehnt, ruhig und ohne Aufregung aus, etwa durch die Worte »Nein, nein, das nicht«. Ein striktes Verbot sollte sehr scharf und laut wie ein Peitschenhieb klingen. Dieses Wort signalisiert dem Hund ein absolutes Tabu: Das was du jetzt tun willst, ist absolut verboten und bleibt verboten.

Jeder Hundebesitzer kann sich eigene Lautfolgen ausdenken, mit denen er seinem Tier ein solches Verbot scharf und energisch verständlich macht. Niemals vergesse man jedoch augenblicklich von Tadel auf Lob umzuschalten, wenn der Hund die verbotene Handlung unterläßt und sich anschickt, das Richtige zu tun. Die gleichzeitige Einwirkung von Lob und Tadel ist die beste Methode, mit der wir unserem Hund von Anfang an klar machen, was in unserem Hause und im Zusammenleben mit den Menschen erlaubt und verboten ist. Zum Gebrauch von Lob und Tadel noch eins: Immer wenn der Hund aus eigenem Antrieb auf uns zuläuft, muß er gelobt und gestreichelt werden. Das gilt auch für den Fall, daß er etwas Schlimmes angerichtet hat und wir eigentlich wütend auf ihn sind. Nur so können wir ihn zu sicherem Gehorsam erziehen.

Wenn wir grobe Fehler vermeiden, macht die Eingewöhnung eines Junghundes nur selten Schwierigkeiten. Bei erwachsenen Tieren ist der Fall problematischer. Hier scheint es dringend geboten, daß der künftige Hauptherr des Tieres die Eingewöhnung zunächst allein durchführt und so für den durch die neue Umgebung erschreckten und verwirrten Hund eine sichere Bezugsperson abgibt. Deshalb darf sich nur der Hausherr näher mit dem Tier befassen. Er füttert es, spielt mit dem Hund und führt ihn spazieren. Vor allem aber spricht er möglichst ruhig mit ihm, und zwar mit Hörzeichen, die dem Tier von seinem früheren Herrn vertraut sind. Auch Leckerbissen fördern zusätzlich die Freundschaftsgefühle gegenüber dem neuen Herrn.

Bei arbeitsfrohen und arbeitsgewohnten Gebrauchshunden knüpft die gewohnte Tätigkeit rasch ein Band zum neuen Besitzer.

Die Sache mit dem »Geschäft«

In unseren Breitengraden teilt die überwiegende Zahl aller Hunde mit ihren Herren die Wohnung. Wollen beide Seiten aneinander Gefallen finden, dann müssen wir unseren vierbeinigen Hausgenossen möglichst rasch zur Sauberkeit erziehen.

Es gehörte schon zum Urtrieb des Höhlenbewohners, sein Lager reinzuhalten. Da dieser Trieb ebenfalls dem Hund innewohnt, ist er relativ einfach stubenrein zu erziehen. Schon der zwei bis drei Wochen alte Welpe kriecht vom Lager weg, um seine Notdurft zu verrichten. Je älter er wird, desto stärker entwickelt sich sein Trieb, das unaufschiebbare Geschäft möglichst weit weg vom eigenen Lager zu erledigen. Dabei erwirbt er gleichzeitig die Fähigkeit, sein Bedürfnis bis zu einem gewissen Grade zurückzuhalten. Am besten erziehen wir ein Hundekind zur Reinheit, indem wir es von vornherein durch bestimmte Signale vor Fehltritten bewahren. Wir können beim besten Willen von dem kleinen Kerl nicht verlangen, daß er von sich aus unterscheidet, was ein Fehltritt ist oder nicht. Da Hunde nicht in den Begriffen von gut oder böse oder richtig oder falsch denken, verfahren wir nach dem bereits bekannten Rezept der Reizverknüpfung.

Wir bringen ihm die Erfahrung nahe, daß es lustvoll und lobenswert für ihn ist, sein Geschäft dort zu verrichten, wo wir es wollen. Je schneller und je eindringlicher wir ihm das klar machen, desto eher können wir uns und ihm Strafen ersparen. Lebt der Hund in einem Zwinger, so holt man ihn nur dann in die Wohnung, wenn er sich vorher ausgiebig entleert hat. Man bringt ihn wieder so rechtzeitig hinaus, daß im Zimmer kein Unglück passiert. Lebt der Hund mit uns in der Wohnung, so wird der Lernprozeß schon schwieriger. Dabei müssen wir dem Hund helfen, das einfachste Erziehungsprinzip durchzuhalten: Er wird von selbst stubenrein, wenn wir einige Tage lang systematisch verhindern, daß er sich in unserer Wohnung entleert. Das kostet Zeit. Natürlich können Welpen und Jungtiere ihr Bedürfnis nur für sehr begrenzte Zeit freiwillig zurückhalten. Allzu streng sollten wir sie bei eventuellen Ausrutschern deshalb nicht bestrafen. Wann das nächste Geschäft fällig ist, werden wir mit wenig Beobachtungsgabe bald an einem typischen Gehabe eines Jungtieres erkennen. Der noch unverdorbene Welpe beginnt aufgeregt hin und her zu laufen, um einen geeigneten Platz für sein Bedürfnis zu suchen. Auch wenn er sich nach dem Schlafen vom Lager erhebt, trägt man ihn vorsichtshalber ins Freie hinaus. Wenn er sich dort vorschriftsmäßig entleert, wird der Hund ausgiebig gelobt.

Aus dem Erlebnis von Zwang und Lob bildet sich bei unserem neuen Mitbewohner bald die gewünschte Reizverknüpfung. In die menschliche Begriffssprache übersetzt, dächte er etwa so: Wenn ich mein Geschäft im Freien verrichte, werde ich gelobt und das empfinde ich lustvoll. Wenn ich dieselbe Sache jedoch im Zimmer erledigen will, dann werde ich von den Menschen gepackt und womöglich beschimpft. Dieses Gefühl der Unlust empfindet der Hund noch deutlicher, wenn wir bei einem Fehltritt jedes Mal mit einem tüchtigen Donnerwetter reagieren.

Dabei ergibt sich jedoch in den meisten Fällen ein Problem. Wahrscheinlich müssen wir unseren Hund während der Reinlichkeitserziehung irgendwann einmal für längere Zeit allein in der Wohnung lassen. Dann dürfen wir ihn, da er sein Bedürfnis nicht auf unbegrenzte Zeit unterdrükken kann, nicht an seiner gewöhnlichen Lagerstätte einschließen. Das könnte gefährliche Störungen in seinem natürlichen Trieb nach Lagerreinheit hervorrufen. Es wäre unserem Erziehungszweck weniger abträglich, wenn das Malheur dann in einem anderen Raum passiert. Außerdem beugen wir besser der Gefahr von Rückfällen vor. Hat sich jedoch der Hund in seinem gewöhnlichen Aufenthaltsort verewigt, dann müssen wir die Stelle nach der Heimkehr reinigen und geruchfrei machen.

In den folgenden Wochen halten wir unseren Hund noch schärfer unter Kontrolle. Ist seine natürliche Hemmung, das eigene Lager zu beschmutzen, erst einmal gefallen, dann bedarf es vermehrter Aufmerksamkeit, um die Hemmschwelle wieder aufzurichten. Der beste Ausweg, solche Rückfälle zu verhindern, wäre im Zwinger mit eigenem Auslauf. Aber wir wissen: Hier handelt es sich um einen Idealfall, der auf die wenigsten Hundebesitzer zutrifft.

Eine zweite Regel: Jedes Mal, wenn ein Junghund gefressen hat, geben wir ihm Gelegenheit, sich zu entleeren. Wenn Darm und Blase prall gefüllt sind, muß er auf natürliche Weise Platz schaffen. Der Welpe sucht sich gewöhnlich sein Plätzchen, sobald er die Futterschüssel verlassen hat. Ein älteres Tier, bei dem schon gewisse Hemmungen vorhanden sind, muß von uns an den geeigneten Platz gebracht werden. Am besten wäre eine ruhige Grasfläche – im Idealfall der eigene Garten – wo man das Tier unbesorgt herumlaufen lassen kann. Wo kein derartiger Auslauf vorhanden ist, sucht man in der Stadt zumindest eine ruhige Ecke auf. Nehmen wir das Jungtier dazu an die Leine, so hemmen wir in den meisten Fällen den eigentlichen Zweck des gemeinsamen Ausgangs. Kaum sind wir zurückgekehrt, dann passiert die Bescherung. Starker Autoverkehr, andere Menschen oder schlechtes Wetter stören unseren Hund, wenn wir ihn von der Leine lassen. Auch aus solchem Grunde passiert es dann erst in der Wohnung. Wiederholt sich dieses Malheur einige Mal, so entsteht die Gefahr von Fehlverknüpfungen im Gedächtnis des Tieres: Es wird nicht stuben-, sondern straßenrein. Es wartet dann ungeduldig auf die Heimkehr, um in den gewohnten vier Wänden sein Geschäft zu erledigen. Ein solches Fehlverhalten ist nur mühselig zu korrigieren. Wir können es am besten verhüten, indem wir unserem Begleiter einen geeigneten Platz für das Geschäft im Freien suchen. Hat er sich an dieses stille Örtchen erst einmal gewöhnt, so wird es ihm immer leichter fallen, sich dort zu entleeren. Ängstliche Tiere werden wir kaum dazu bringen, in verkehrsreichen Straßen ihr Geschäft zu verrichten. Sie fühlen sich außerhalb der gewohnten Umgebung von Gefahren umgeben. Ihre natürlichen Reflexe und Instinkthandlungen bleiben starken Hemmungen unterworfen, so auch die Entleerung. Bei rauflustigen und besonders temperamentvollen Tieren, die in gegensätzlicher Art auf äußere Reize reagieren, könnte es zu einem gleichen Fehlverhalten kommen. Streng genommen müßten wir zwei Formen der Stubenreinheit unterscheiden: Manche Hunde unternehmen nichts, solange ein Mensch im Zimmer ist. Bleiben sie sich selbst überlassen, dann passiert es sofort. Das erleben wir zum Beispiel, wenn ein Hund in der Diele oder im Korridor gehalten wird. Jeden Morgen finden wir dann Spuren seiner Übernachtung vor. Diese mangelhafte Form der Stubenreinheit hat verschiedene Ursachen. Möglicherweise ist unser Mitbewohner einfach physisch nicht in der Lage, seine Bedürfnisse die ganze Nacht über zurückzuhalten. Vielleicht hat er auch, wie ihm beigebracht wurde, gemeldet, daß er ins Freie will, niemand hat ihn jedoch gehört. Hier gibt es nur eine Abhilfe: Man füttert den Hund ab mittags möglichst flüssigkeitsarm. Am besten verlegt man die Hauptmahlzeit auf den Morgen. Mittags frißt der Hund wenig, am Nachmittag nur noch eine Kleinigkeit. Jungtiere einer größeren Rasse könnten bei allzu karger Kost allerdings in ihrer körperlichen Entwicklung zurückbleiben. Dann muß man ihre Abendmahlzeit flüssigkeitsarm oder trocken halten und ihnen anschließend noch ausreichend Zeit für ein Geschäft lassen.

Nicht immer sind es jedoch körperliche Ursachen, wenn die Erziehung zur Sauberkeit in unserer Abwesenheit versagt. Möglicherweise liegt der Fehler bei uns: Wir haben dem Hund die Erfahrung suggeriert, es sei ungefährlich, das Geschäft im Hause zu verrichten, wenn niemand da ist.

Der Hund erwartet dann zunächst das übliche Donnerwetter. Es geschieht aber nichts. Sein Herr ist nicht da. Kommt das Strafgericht nachträglich, so erinnert sich der Hund nicht mehr an seinen Fehltritt. Er verknüpft seine unangenehmen Empfindungen jetzt mit unserer Rückkehr. Wiederholt sich das für den Hund unverständliche Donnerwetter mehrere Male, so benimmt er sich gegenüber den Heimkehrern verstört und ängstlich – was die Menschen fälschlicherweise als schlechtes Gewissen deuten. Wir können ein beiderseitiges Mißverständnis am besten verhüten, indem wir unserem Hund, wenn wir ihn längere Zeit allein lassen müssen, vorher reichlich Auslauf für sein Geschäft lassen. Eine drastische Lektion könnten wir ihm notfalls durch eine List erteilen. Wir lassen ihn glauben, daß er al-

lein sei, beobachten ihn jedoch heimlich durch einen Türspalt oder ein Schlüsselloch. Sobald unser Hund Anstalten für ein Geschäft unternimmt, fährt man wie ein strafender Gott dazwischen. Je nach der Härte des Hundes mögen zwei oder drei Eingriffe genügen. Dann glaubt er, sein Herr sei allgegenwärtig, auch wenn er ihn nicht sieht. Das verstärkt wiederum bei unserem Hausgenossen die Hemmungen, die Wohnung in unserer Abwesenheit zu beschmutzen.

Allerdings müssen wir einkalkulieren, daß der Hund nicht auf unsere List reinfällt, sondern seine heimlichen Beobachter wittert.

Wichtig bleibt in jedem Fall: Wir dürfen durch eigenes Verschulden keine Fehlverknüpfungen bei unserem Hund entstehen lassen. Sind diese jedoch einmal eingetreten, so müssen wir sie in jeder Phase der Reinlichkeitsprozedur erkennen und korrigieren. Außerdem dürfen wir nichts Unmögliches von unserem Hund verlangen. Auch wir Menschen verfügen in dieser Angelegenheit nur über beschränkte Möglichkeiten zur Verdrängung. *Im allgemeinen ist es einfacher, ein Jungtier stubenrein zu machen, als bei einem ausgewachsenen Hund falsche Verhaltensweisen zu berichtigen.* Mit einiger Liebe gelingt es jedoch, fast jedes gesunde Tier zur Zimmerreinheit zu erziehen. Bei Lohn und Strafe müssen wir stets das Prinzip der Gleichzeitigkeit mit den entsprechenden Handlungen des Hun-

des im Auge behalten. Unsere Strafaktionen sollen durchaus nicht aus Schlägen bestehen. Es genügt, wenn wir einen Junghund im kritischen Augenblick vom Boden heben und hinaustragen. Einem älteren Tier ruft man in scharfem Ton die gewohnten Verbotsworte zu. Je nach der Härte des Tieres, schimpft man es nach dem Fehltritt aus oder führt es an der Leine ins Freie.
Niemals dürfen wir vergessen, unseren Hund zu loben und zu streicheln, wenn er sich wunschgemäß im Freien entleert hat.

Der Hund als Wohngenosse

Unser Hund soll nicht nur stubenrein sein, sondern Teppiche, Vorhänge, Polstermöbel und anderes verbotenes Spielzeug meiden. Unsere Wohnungseinrichtung bleibt für ihn tabu, wenn wir ihm von vornherein die Beschäftigung mit allen einschlägigen Gegenständen strikt nach den bereits beschriebenen Erziehungsregeln untersagen.
Allerdings müssen wir absolut konsequent bleiben. Die Erziehung mißlingt, wenn wir es unserem Liebling

An der Leine abgelegter Hund

einmal erlauben, es sich auf dem Sofa oder anderen Polstermöbeln bequem zu machen, ihn ein anderes Mal jedoch mit Schimpfen oder Drohgebärden verjagen. Erwählt er Betten oder andere Möbelstücke während unserer Abwesenheit zum Lager, dann müssen wir ihn durch selbstgefertigte »Barrikaden« daran hindern. Am besten sollten wir ihn nicht unbeaufsichtigt lassen, wo Polstermöbel, Vorhänge oder Teppiche unwiderstehlich zum Belecken und Knabbern locken. Der Junghund will sein Gebiß an Holzstücken, Leder und anderen Materialien üben. Dazu bieten wir ihm entsprechendes eigenes Spielzeug wie künstliche Knochen oder alte Schuhe. Ihn nach einem Fehltritt beim Nachhausekommen zu beschimpfen oder gar zu schlagen, hat keinen Sinn. Wie wir schon aus dem Kapitel über die Stubenreinheit wissen, führt das bei dem Tier nur zu Fehlverknüpfungen. Alle diese Vorschriften sind natürlich leichter zu befolgen, wenn der Hund einen eigenen Zwinger mit entsprechendem Auslauf besitzt.

Wir erleichtern einem verspielten Junghund das Eingewöhnen, wenn wir ihm in der Wohnung sein eigenes Reich zuweisen, wo er nichts Verbotenes anstellen kann. Im äußersten Fall genügt dazu eine geräumige Kiste mit einem verschließbaren Einschlupfloch.

Die vergitterte Kiste kann ihm zugleich als Lager dienen. Jedenfalls sollte unser vierbeiniger Mitbewohner einen Platz haben, der ihm ganz allein gehört, wo er sein Spielzeug ungestört zerkauen und sich in unserer Abwesenheit unbekümmert aufhalten kann. Als Lager kämen eine Matratze mit waschbarem Überzug oder ein flacher Korb in Frage. Es soll immer mit dem gleichen Wort (Korb oder Lager usw.) bezeichnet werden, damit der Hund sich den Klang merkt. Wenn wir es ihm gebieten, zieht er sich dorthin zurück. Wenn er keinen besonderen Platz zum Fressen hat, darf er auf diesem Lager auch seine Knochen – am besten Kalbsknochen – zerkauen, was für die Entwicklung seines Gebisses sehr förderlich ist.

Damit der Hund beim Fressen nicht die Umgebung seiner Futterschüssel verschmutzt, bekommt er seine Mahlzeit an einem bestimmten Platz in maulgerechten Brocken vorgelegt. Legen wir ihm Knochen dazu, dann wird er allerdings solche »Schätze« stolz und mit erhobener Rute in sein Lager tragen wollen. Die Spuren auf dem Teppich hat er nicht beabsichtigt. Damit es nicht zu Mißverständnissen kommt, legen wir ihm die Knochen erst nach der Fütterung ins Lager.

Auf diese Weise erreichen wir bald, daß sich der Hund mit Knochen und anderem Spielzeug auf sein Lager zurückzieht.

Der Hund unterläßt das Betteln bei Tisch, wenn er genau weiß, daß nichts für ihn abfällt. Wir müssen gegebenenfalls auch unseren Gästen gegenüber darauf bestehen, nicht gegen dieses Prinzip zu verstoßen.

Auch wenn wir unseren Vierbeiner zum künftigen Schutz- oder Wachhund erkoren haben, muß er mit jedem Besucher in Kontakt kommen. Wir dürfen ihm ein kurzes Verbellen aber nicht verbieten. Andererseits können wir natürlich nicht dulden, daß der Hund unsere Gäste angreift oder die Unterhaltung durch ununterbrochenes Bellen stört. Je nach der Veranlagung des Hundes gehen wir unterschiedlich vor. Zu große Schärfe schwächen wir vorsichtig ab. Zu starkes Vertrauen und Gleichmut dulden wir auch nicht. Es genügt, wenn sich unser Hausgenosse artig und liebenswürdig gegenüber Besuchern verhält, ohne sie durch besondere Vertraulichkeit zu belästigen.

Ängstliche Tiere werden sich möglicherweise erst nach einiger Zeit an den Fremdling heranschleichen und mit der Nase Witterung aufnehmen. Sie wollen bei aller gebotenen Vorsicht feststellen, ob der Unbekannte nicht doch weniger gefährlich ist, als es anfangs schien.

Für die charakterliche Entwicklung eines scheuen Hundes ist es gut, wenn er öfters solche erfreulichen Erfahrungen macht. Man lasse ihn bei tierliebenden Besuchern also ruhig in der Stube.

Ein im Haus gehaltener Hund sollte mit allen Besuchern zusammengebracht werden. Wird er bei Besuch weggesperrt, macht ihn das gegen alles Fremde mißtrauisch, und er wird menschenscheu. Ein normal veranlagter und richtig ausgebildeter Hund wird nur bei Gefahr oder auf Geheiß des Herrn zufassen. Wird er aber immer von Besuch ferngehalten, so mag er in ihm eine Gefahr sehen.

Durch einen kleinen Trick können wir es unserem Hund erleichtern, seine Wachinstinkte abzureagieren. Wir bitten unseren Gast, Platz zu nehmen, und setzen uns selbst. In den meisten Fällen hört der Hund sofort auf zu bellen oder läßt sich doch wenigstens leichter beschwichtigen. Ein stehender Mensch hat für ihn etwas drohendes. Meistens erreicht man mit diesem Trick einen Kompromiß. Wollen wir die Erziehung unseres Hausgenossen unter Kontrolle behalten, dann dürfen wir ihn niemals mit Fremden allein lassen.

Ein Wachhund würde durch eine häufige Übertretung dieses Gebotes schwer in seiner Funktion geschädigt. Abgesehen davon widerspräche es dem eisernen Grundsatz, unseren Hund nicht den Einflüssen fremder Personen auszusetzen, die unsere Erziehungserfolge wieder verwässern könnten. Es wäre außerdem für uns peinlich, wenn unser Hund zwischen Tischen und Bänken herumläuft, andere Leute belästigt oder gar anbettelt. Deshalb kann nicht oft genug unterstrichen werden: *Ein Hund kann immer nur einen Herrn beziehungsweise eine Familie haben.*

Der Hund auf der Straße

Weiß sich unser Hund in der Wohnung zu benehmen, dann ist er für sein künftiges Alltagsleben noch nicht fit. Er muß lernen, sich diszipliniert auf der Straße zu bewegen. Dazu gehören zwei Voraussetzungen: Er darf andere nicht belästigen und weder andere noch sich selbst in Gefahr bringen. Daraus folgt zwangsläufig, daß der Hund nicht ohne seinen Herrn auf die Straße gehört. So verhindern wir nicht nur all jene Dummheiten, die er zum eigenen und zum Schaden anderer anrichten könnte. Wir wissen bereits aus den früheren Kapiteln, daß eine nachträgliche Bestrafung absolut unlogisch wäre und nur das Gegenteil vom angestrebten Verhalten des Hundes hervorrufen würde. Es würde das Heimkommen vom lustvollen Herumstreunen fälschlich mit Unlustgefühlen verknüpft. Darüber hinaus könnten uns Dummheiten unseres unbeaufsichtigten Hausgenossen auch teuer zu stehen kommen. Der Besitzer haftet für alles, was der Hund verursacht. Bringt er einen ahnungslosen Passanten zu Fall, so wäre dies noch harmlos im Vergleich zu jenen Massenunfällen, die Hunde auf der Fahrbahn verursachen können.

Der allein herumlaufende Hund ist außerdem selbst dauernd Gefahren ausgesetzt. Er wird überfahren, fortgelockt oder vergiftet. Er wird von manchen Fremden beschimpft, von anderen gestreichelt und deshalb ständig in seinem Gebaren und Verhalten stark verunsichert.

Darüber hinaus brächte er Unrat oder ansteckende Krankheiten ins Haus zurück. Zwei davon, Tollwut und den Hundebandwurm »Echinokokkus«, sind für den Menschen gefährlich. Lassen wir unseren Hund unkontrolliert auf der Straße herumstreunen, dann weiß niemand, ob er nicht irgendwo infizierte Abfälle aufliest oder sich mit einem tollwutkranken Tier gebissen hat. Allen diesen Gefahren entgehen unser Hund und wir am besten, indem wir eisern den Grundsatz befolgen: *Der Hund gehört nicht allein auf die Straße.* Wer ein paar Viertelstunden zum gemeinsamen Ausgang nicht erübrigen kann, verzichtet besser auf einen Hund.

In verkehrsreichen Straßen führen wir unseren Hund stets an kurzer Leine oder frei bei Fuß (dazu folgen später genaue Ausbildungsanweisungen). Wir sind dann in der Lage, ihm sofort verschiedene Unarten wie das Anspringen von Autos oder Beschmutzen des Gehsteiges durch entsprechenden Zwang abzugewöhnen. Auch in verkehrsarmen Straßen, für die meisten Großstadthunde oft die einzige Möglichkeit zum Auslauf, wird unser Vierbeiner unverzüglich angeleint, wenn wir unsere Aufmerksamkeit anderen Dingen zuwenden wollen. Eine Ausnahme machen wir nur bei älteren Tieren, die absoluten Gehorsam gelernt haben und auf gegebenes Zeichen unbeirrt neben ihrem Führer bleiben.

Wie aber gewöhnt man ein Jungtier an die Straße und alles, was sich dort abspielt?

Zunächst machen wir es bei gutem Wetter in freiem Gelände mit der Leine vertraut. Wo das nicht so rasch möglich ist, trägt man den Junghund in eine stille Straße und gewöhnt ihn dort an das Laufen mit Leine. Anstelle eines Halsbandes verwenden wir zu Beginn ein großes Geschirr. Der Zug am Hals verschreckt weichere Tiere. Den Zug am Brustgeschirr ertragen sie leichter. Bei den ersten Ausflügen gibt man dem Jungtier weitgehend nach, so daß es den Zwang des Herrn kaum bemerkt. Gesunde, temperamentvolle, nicht übermäßig ängstliche Tiere machen sich schon in der ersten Viertelstunde mit der Leine vertraut. Bei sehr harten Hunden kann man bald zu stärkerem Zwang greifen, sofern bereits Vertrauen und ein freundschaftliches Verhältnis zu ihren Herren besteht. Wenn der Hund gegen den Leinenzwang revoltiert, wird er durch einen kurzen, aber energischen Ruck in die gewünschte Richtung gezogen. Er lernt dann in den allermeisten Fällen sehr schnell, daß es für ihn das Beste ist, dem Zug der Leine nachzugeben.

Häufig weigert sich unser Zögling, mit oder ohne Leine vom Haus wegzulaufen. Besonders ganz junge Tiere sperren sich gegen die ersten Ausgänge. Dann nimmt man sie auf die Arme, trägt sie ein Stück vom Hause weg und setzt sie erst dann auf die Straße.

Bei hartnäckigem Sträuben oder sonstigen Hemmungen gegenüber dem Laufen an der Leine nimmt man einen älteren »Leithund« mit. Das Jungtier rennt hinterher und läuft damit auch unversehens an der Leine. Wie alle erstrebten Verhaltensweisen, so gestaltet man dem Jungtier die ersten Ausflüge an der Leine besonders lustvoll. Man schleppt es also nicht bei schlechtem Wetter auf die Straße, auch nicht zu Geschäftsgängen, wo man womöglich nervös und ungeduldig auf die Widerborstigkeit des Zöglings reagiert.

Hat sich der Hund an die Leine gewöhnt, macht man ihn schrittweise in belebteren Straßen mit Lärm und Verkehrsgetriebe vertraut. Erschrickt er vor etwas Ungewohntem, so beruhigt man ihn durch Liebkosen. Hat man dem Tier durch diese Gewöhnung Angst und Schrecken genommen, dann reagiert es auf die Ursachen wie etwa anfahrende Autos, Sirenen oder Baumaschinen vollkommen gleichgültig.

Natürlich ist das leichter bei normalen, gesunden, entdeckungsfreudigen und im großen und ganzen furchtlosen Tieren. Bei einem ausgesprochenen Angsthasen muß man bei der Eingewöhnungsprozedur sehr vorsichtig vorgehen, ihm den Aufenthalt auf der gefährlichen Straße durch Spielen oder durch Leckerbissen so lustvoll wie möglich gestalten. Allerdings gibt es auch Hunde, die allen pädagogischen Bemühungen zum Trotz ihre Furcht vor dem Straßenver-

kehr nicht verlieren. Dann bleiben sie
für eine sportliche Ausbildung unver-
wendbar.

Der Hund im Gelände

Nach allem Gesagten versteht es sich
von selbst, daß wir unseren Hund
nicht ohne zwingenden Grund allein
im Gelände herumstreichen lassen.
Dorthin kommt er nur bei gemeinsamen Spaziergängen, Ausritten oder
Wanderungen, gegebenenfalls auch
zur Ausbildung.
Lassen wir ihn unbeaufsichtigt im Gelände herumstreifen, so setzen wir
unseren Freund allerlei Gefahren aus.
Er verwickelt sich in Beißereien und
infiziert sich womöglich mit Tollwut.
Außerdem könnte er Giftköder aufspüren, fressen und danach irgendwo hilflos verenden.
Abgesehen davon leiden Erziehung
oder Dienstfunktion des Tieres, wenn
es unkontrolliert seinen Vergnügun-
gen nachgeht und auf diese Weise un-
kontrollierte Erfahrungen macht. Solche Hunde entwickeln sich zwangsläufig über kurz oder lang zu Vaga-
bunden und Streunern. Erwacht bei
ihnen erst einmal die alte Jagdpas-
sion, dann sind sie für den Dienstge-
brauch oder die Ausbildung verloren.
Auch in Begleitung seines Führers
darf der Hund nicht unbeaufsichtigt
bleiben. Er soll sich immer in dessen
unmittelbarer Nähe, zumindest in
Sichtweite aufhalten, keinerlei fremde
Menschen belästigen und vor allem

nicht ungehindert seiner Jagdleiden-
schaft frönen können.
Wenn wir seines Gehorsams noch
nicht sicher sind, lassen wir den Hund
in wildreichen Gegenden unbedingt
an der Leine. Das gleiche gilt, wenn
wir zu Fuß gehen, irgendwo stehen
bleiben oder keine Zeit und Lust ver-
spüren, auf unseren vierbeinigen Begleiter besonders aufzupassen.
Im allgemeinen ist das Schrittempo
des Menschen für einen Hund eher zu
langsam, so daß er sich entsprechend
seines Bewegungsbedürfnisses und
seiner Rasse in einem gewissen Ak-
tionsradius um den Führer hin und
her bewegt. Wesentlich besser bleibt
er bei uns, wenn er uns beim Ausritt
oder beim Radfahren begleitet. Einen
Junghund sollte man keineswegs
durch Gewaltmärsche überanstren-
gen. Spaziergänge von über einer
Stunde sind erst nach der Zahnung
angebracht, denn die nötige Muskula-
tur und Bänderfestigkeit bildet sich
erst im Lauf der Zeit. Vorher sind häu-
figere, kürzere Spaziergänge, je nach
der körperlichen Verfassung des Tieres, sinnvoller.
Bei dieser Gelegenheit ein Tip: Wenn
der Hund bei warmem Wetter den
Fang öffnet und die Zunge heraus-
hängen läßt, so zeigt dies weder Er-
schöpfung noch besonders großen
Durst an. Es sind absolut normale An-
zeichen dafür, daß er seinen Wärme-
haushalt reguliert.

Von Hund zu Hund

Im allgemeinen raufen Rüden nur mit Rüden, Hündinnen mit Hündinnen und Rüden. Ausnahmen bestätigen die Regel. Hündinnen verhalten sich gewöhnlich friedlicher untereinander. Bei Rüden ist die Lust zur Rauferei wesentlich ausgeprägter. Sie beruht auf einer natürlichen Geschlechtsrivalität unter männlichen Lebewesen und dem Urtrieb, sich in der Rangliste des Rudels möglichst weit empor zu kämpfen.

Wir können unseren Junghund nur schwerlich vollkommen von seinen erwachsenen Artgenossen isolieren. Deshalb geben wir ihm Gelegenheit, friedliche Erfahrungen mit seinesgleichen zu machen, indem wir ihn häufig mit gutartigen Hunden spielen lassen. Hierzu ein Tip: Hunde sollten beim Spielen kein Metallhalsband tragen, um sich ungehindert fassen zu können. Wächst eine Hündin ohne Kontakte mit anderen Artgenossen auf, bleibt sie meist ängstlich, ein Rüde wiederum könnte sich zu einem unangenehmen Raufer entwickeln. Damit sich unser Hund an ein friedliches Zusammenleben mit anderen Artgenossen gewöhnt, nehmen wir ihn an die Leine, sobald ein fremder Hund auftaucht. Das gilt besonders dann, wenn dieser Neuling einen rauflustigen Eindruck macht.

Junghunde beim Spiel

Stehen sich die beiden Hunde schon in bedrohlicher Kampflust gegenüber, dann richten wir unser Verhalten danach ein, ob unser Hund der Raufbold ist oder nicht. Im ersten Fall rufen wir ihn energisch ab. Im zweiten Fall nähern wir uns mit beruhigenden Worten den beiden Rivalen, leinen den eigenen Hund an und gehen mit ihm weg.

Weshalb wir da unterschiedlich verfahren müssen, hat einen bestimmten Grund: Rufen wir den friedlicheren oder weniger rauflustigen Hund vom Platz ab, so würde sein Gegner das als Auskneifen betrachten und sich als Sieger des unausgefochtenen Kampfes.

Umgekehrt wäre es falsch, einen kampflustigen Hund, den voraussichtlichen Sieger also, wegzuholen. Die Anwesenheit seines Herrn könnte den Kampftrieb des Hundes und seinen Schutztrieb nur noch verstärken. Das ungewollte Ergebnis wäre eine wilde Rauferei mit Blutvergießen.

Ist die Rauferei schon im Gange, so richtet sich unser Verhalten wiederum danach, ob der andere Hund ebenfalls von seinem Herrn begleitet wird.

Beide Besitzer gehen zu den kämpfenden Tieren und bringen sie durch energische Worte auseinander. Folgen sie nicht, so ergreift jeder Herr seinen Hund an Hinterläufen oder Rute, hebt ihn in die Höhe und zieht ihn weg. Im allgemeinen genügt dieser Trick, um die beiden Raufbolde auseinander zu bringen. Sie fühlen sich plötzlich von rückwärts angegriffen und schauen sich um, wer der neue Gegner ist. Dieser Moment genügt, um die Kämpfenden zu trennen und an die Leine zu nehmen. Je nach dem Verhalten der beiden Rivalen redet man beruhigend und freundschaftlich oder energisch und tadelnd auf seinen Hund ein. Ändert er unter Einwirkung dieser Worte sein Verhalten, so wechselt man entsprechend die Tonart. *In dieser Regel erkennen wir das Gebot der Gleichzeitigkeit von Lob und Strafe, eines der eisernen Gesetze der Hundeerziehung.*

Gelingt es nicht, die beiden Kämpfer an den Hinterläufen auseinander zu zerren, dann bliebe als äußerstes Hilfsmittel eine Dusche kalten Wassers – wenn vorhanden.

Ist der andere Hund ohne Begleiter am Kampfplatz aufgetaucht, mischt man sich unter keinen Umständen mehr als notwendig ein. Droht der eigene Hund im Kampf zu unterliegen, so unterstützt man ihn nur durch seine Anwesenheit, niemals durch tätliche Hilfe.

Wird unser Hund voraussichtlich Sieger, so rufen wir ihn mit scharfen Worten ab. Wir können nachhelfen, indem wir uns rasch laufend entfernen und unserem Hund deutlich machen, uns zu folgen. Läßt er trotzdem von seinem Gegner nicht ab, mischen wir uns lieber nicht tätlich ein. Zu tödlichen Bissen kommt es bei solchen Raufereien nur in äußerst seltenen Fällen. Die entstehenden materiellen Kosten trägt der fremde Hundebesitzer, er hat die Rauferei begünstigt, weil er sein Tier vorübergehend unbeaufsichtigt gelassen hat. Bei Jungtieren kämpferischer Rassen sollten wir es nicht fälschlicherweise als ehrenrührig empfinden, wenn sie sich gegenüber älteren Artgenossen demütig und ergeben aufführen. Dieses Verhalten entspricht dem Trieb, ihre Unterlegenheit dem älteren Hund anzuzeigen. Ein normal veranlagter Hund versteht diese Geste und wird nie ein Jungtier angreifen. Gerade Hunde dieser Rassen führen sich gegenüber anderen Tieren absolut friedlich auf, solange sie durch falsche Ausbildungsversuche nicht verdorben werden.

Der Hund und andere Haustiere

Leben noch andere Tiere in unserem Haus, dann muß der Hund lernen, sich ihnen gegenüber friedlich und gleichgültig zu verhalten. Zu diesem Zweck führen wir das Jungtier oder den Ankömmling mit der Leine zu seinen anderen Mitbewohnern. Durch mehr oder minder starkes Rucken an der Leine und gleichzeitige Verbotsworte machen wir dem Tier begreiflich, daß es sich um diese Hausgenossen nicht zu kümmern hat.
Bei der engen Verwandtschaft von Spiel- und Kampftrieb beim Hund kann aus dem Spiel leicht Ernst wer-

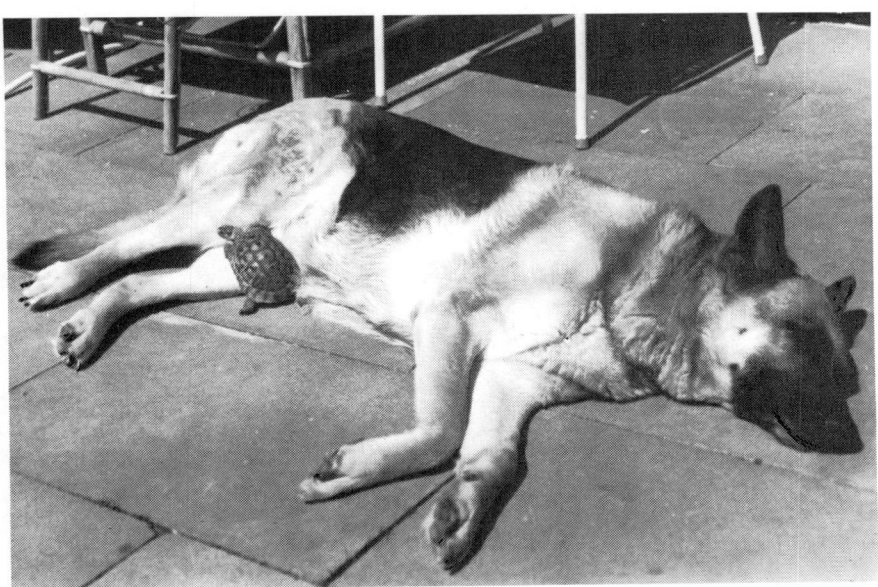

Tierfreundschaft über die Arten hinweg

den. Die wenigen Monate bis zur Voll-
reife unseres Hundes gehen schnell
vorüber. Aus diesem Grunde erziehen wir ihn lieber von vornherein zur
Gleichgültigkeit.
Natürlich gibt es Tierfreundschaften
über die Arten hinweg. Meist handelt
es sich aber nur um eine Art Burgfrie-
den, d. h. diese Tiere gehören zum
Haus und somit zum Rudel und sind
tabu. Hat unser Hund solche Freundschaften einmal aufgenommen, so
unterdrücken wir sie selbstverständlich nicht durch Verbote. Je mehr solche Freundschaften sich im selben
Haus entwickeln, um so friedlicher
wird sich unser Hund im allgemeinen
gegenüber andersartigen Tieren benehmen.

Grundgesetze für die Ausbildung

U nser Hund beginnt nun, nach und nach mehr zu lernen, und dazu muß er wach und munter sein. Einen temperamentvollen Hund zu zügeln ist in der Regel leichter, als einen trägen Hund aufzumuntern. Jeder Hund ist eine Persönlichkeit für sich. Hunde können nicht nach der gleichen Schablone behandelt werden. Der Ausbilder muß den Charakter seines Tieres gut kennen. Nur dann wird er dessen Erbanlagen in richtigem Maß fördern oder hemmen, nur dann wird er die Reizverknüpfungen richtig dosieren. Absolute Konsequenz ist Voraussetzung jeder Ausbildung. Auch die Menschen begehen Fehlhandlungen, wenn die Gesetze des Staates die gleiche Tat einmal erlauben oder sogar begünstigen, ein anderes Mal jedoch bestrafen. Was einmal erlaubt ist, bleibt erlaubt, sonst verliert der Hund die Orientierung. Je klarer wir die

Vorübung zum Sitzen aus der Bewegung

Grenze zwischen erlaubten und unerlaubten Verhaltensweisen ziehen, desto besser wird der Hund sie konsequent einhalten. Strafe hat nur dann Erfolg und Sinn, wenn sie unmittelbar auf die frische Tat folgt, also die unerwünschte Handlung sofort mit einem unlustbetonten Reiz verknüpft wird. Unser Hund stumpft ab und wird unsicher, wenn wir ihn für einen Fehltritt nachträglich tadeln. Wir halten uns an das »Gesetz des Dschungels« in Kiplings Dschungelbuch. Dort erziehen ein Bär und ein Panther ein Menschenkind. Sie bestrafen ihren Zögling oft hart, aber danach ist alles erledigt, und es wird nichts nachgetragen. Nach dem Grundgesetz der Konsequenz überlassen wir unseren Hund nicht fremden Personen zur Belohnung oder Strafe. Nur so gehen wir sicher, daß er keinen unkontrollierten Reizverknüpfungen ausgesetzt wird. Neben dem Hauptherrn können gegebenenfalls noch einer oder mehrere sachkundige Nebenherren bei Gehorsamsübungen mit dem Hund arbeiten. Über diesen begrenzten Kreis hinaus sollte er von niemandem beeinflußt werden.

Ausbildung zur Leinenführigkeit

Leistungsziel: Der Hund geht bei locker gehaltener Leine links neben dem Führer. Er hält das Tempo des Führers ein, ohne an der Leine zu zerren.

Jede Körperwendung macht er augenblicklich mit. Die Brust des Hundes und seine Schultergelenke befinden sich bei dieser Übung ungefähr mit dem linken Knie des Führers auf gleicher Höhe.

Hörzeichen: »Fuß!«

Unser Schüler muß bereits leinenvertraut sein. Ein Hund, der zum erstenmal an die Leine kommt, wehrt sich meist gegen diese Freiheitsberaubung. Der Hund wird zu Beginn der Ausbildung unter freundlichen Worten angeleint. Dann geht er mit dem Führer in verschiedenen Gangarten, schlendernd, flott, rasch und im Laufschritt. Bei Wendungen bemüht sich der Führer, den Hund an seiner linken Seite zu halten. Prellt der Hund vor, so wird er anfangs sanft, später energischer zurückgewiesen. Bleibt der Hund zurück – was bei ängstlichen Tieren oft passiert –, so wird er durch freundliche Worte, Streicheln und Lob angefeuert. Beim Zurückreißen eines vorprellenden Hundes wiederholen wir unser Hörzeichen sehr häufig. Das gleiche gilt, wenn wir ihn zum Folgen ermutigen. Wir sorgen so dafür, daß die Affekte des Hundes und die Affekteinwirkungen des Führers nach dem Prinzip der Gleichzeitigkeit erfolgen. Zwischendurch klopft sich der Führer an seinen linken Schenkel, fährt dem Hund liebkosend über den Kopf und klopft ihm mit der linken Hand freundlich auf die Schultern. Wir gestalten dem Hund das Verweilen neben unserer linken Hand lustvoll. Dazu halten wir die Leine in der rechten Hand, um die linke für die Hilfen frei zu haben. Eine zusätzliche Hilfe ist bei sehr verfressenen Hunden ein gutriechender Leckerbissen in der linken Hosentasche oder im Ärmelaufschlag, womit man eine lustbetonte Bindung erreichen kann. Zieht der Hund auf die rechte Seite, so wird er je nach dem Stand seiner Ausbildung mit leichterem oder stärkerem Zwang auf die linke Seite herübergezogen und anschließend sofort gelobt. Nie lasse man sich darauf ein, den Hund dauernd hinter sich herzuzerren. Sobald der Hund sich auf kurzen Ruck richtig verhält, wird er gelobt.

Bei sehr harten Hunden, die trotz aller Leinentechnik dauernd nach vorn ziehen, dürfte die Verwendung eines Stachelhalsbandes nötig werden. Es empfiehlt sich, übungsweise mit dem Hund an einzelstehenden Bäumen, Pfählen oder ähnlichem vorbeizugehen. Dann merkt er, daß er sich stets dicht am Führer halten muß. Sehr weichen Tieren reichen wir von Zeit zu Zeit mit der linken Hand einen kleinen Leckerbissen. Das erhöht die lustbetonte Bindung des Hundes an die linke Seite des Führers.

Ausbildung zum Setzen

Leistungsziel: Der Hund setzt sich auf ein gegebenes Hörzeichen und bleibt so bis zum nächsten *Hörzeichen.*

Hörzeichen: »Sitz!«. *Sichtzeichen:* Bewegung des Zeigefingers aus der Horizontalen nach oben ähnlich dem Winken.

Zur Leinenführigkeit gehört die Sitzübung. Wir bringen den Hund zum Sitzen, indem wir ihn mit der rechten Hand am Halsband ergreifen. Mit der linken Hand drücken wir ihn in Sitzstellung. Den Druck auf sein Hinterteil dosieren wir je nach der Individualität des Hundes. Währenddessen sagen wir »Sitz!«. Sitzt der Hund, so wird er ausgiebig gelobt. Macht er Anstalten zum Aufstehen, folgt sofort ein scharfes Sitz-Hörzeichen. Wir reichen dem Hund beim Sitzen ab und zu einen Leckerbissen. Er begreift dann rascher, daß er sich alle Unannehmlichkeiten erspart, wenn er sitzen bleibt. Bei jedem Stehenbleiben des Führers bei der Leinenarbeit hat sich der Hund zu setzen, später ohne Lautzeichen. Bei erneutem Angehen ertönt das Hörzeichen »Fuß!«.

Wollen wir nun erreichen, daß der Hund sitzenbleibt, obwohl wir weitergehen, so gehen wir folgendermaßen vor: Der angeleinte Hund wird zum Sitzen gebracht. Der Führer entfernt sich schrittweise von dem Hund, indem er rückwärts geht, den Hund im Auge behält und ihn immer wieder durch erneutes »Sitz!« am Aufstehen hindert. Hier kann anfangs das Wort »bleib« hinzugefügt werden. Dann geht er zum Hund zurück und lobt ihn. Bei dieser Übung wird langsam der Abstand zwischen Herr und Hund

Soll der Hund die Übung »Sitz« lernen, so wird er bei gleichlautendem Hörzeichen mit der Hand am Kreuz niedergedrückt

vergrößert, vorläufig rückwärts, um den Hund jederzeit korrigieren zu können. Wenn er sicher sitzen bleibt, entfernen wir uns vorwärts von ihm. Klappen diese Aufgaben, setzen wir ihn auf größeren Plätzen Ablenkungen aus. Wir erhöhen die Aufmerksamkeit und den Eifer des Hundes, wenn wir öfter die Gangart wechseln oder blitzartige Wendungen vornehmen. Wir müssen dies dem Hund als ein lustvolles Gemeinschaftsspiel darstellen, nicht als unlustbetonten Zwang. Zeigen wir gute Laune, so steigt auch die Gehorsamsfreude beim Hund.

Frei folgen

Leistungsziel: Wie bei der Leinenführigkeit, jedoch ohne mechanischen, sondern durch psychischen Zwang.

Hörzeichen: »Fuß!« *Sichtzeichen:* Wir klopfen mit der linken Hand an den Schenkel.

Sobald der Hund freudig und willig an unserer Seite bleibt, öffnen wir probeweise beim Gehen mit der linken Hand den Karabinerhaken der Leine. Bei manchen Hunden bedarf es keinerlei Zwanges, sie dann durch ein aufmunterndes »Fuuuß!« an der linken Seite zu halten. Die meisten Hunde jedoch bleiben zurück oder laufen voran oder seitwärts. Je nach dem, ob sie sich eingeschüchtert oder übermütig zeigen, ruft man sie mit einem lockenden oder dro-

henden »Fuuuuß!« heran. Die Hörzeichen unterstützen wir durch Klopfen am linken Oberschenkel. Sobald sich der Hund wieder einreiht, wird er gelobt und gestreichelt. Auch ein Leckerbissen, mit der linken Hand gereicht, hilft. Verläßt er seinen Platz, so wird diese Prozedur wiederholt. *Geduld ist eine der wichtigsten Voraussetzungen erfolgreicher Hundeausbildung.* So lenken wir schließlich unseren Hund an den beiden Leitseilen von Lust und Unlust in die von uns gewünschten Bahnen.

Wo Hunde immer wieder hartnäckig abweichen, empfiehlt sich folgende Methode: Wir befestigen am Halsband einen dünnen Bindfaden. Während der Übung leinen wir das Tier recht auffällig ab, erfassen dabei aber unauffällig den Bindfaden. Der Hund glaubt sich frei, wird jedoch bei Ungehorsam durch Rucken am Bindfaden eines besseren belehrt.

Alle diese Übungen veranstalten wir beim Gehen, anfangs im flotten Marschtempo, später abwechselnd beim langsamen Schreiten oder im Laufschritt.

Hat der Hund das Übungsziel erreicht, so setzen wir ihn Ablenkungen aus. Unternimmt er dabei Seitensprünge, so wird er möglichst unmerkbar angeleint. Wir beginnen dann dieselben Übungen nochmals an der Leine. Überhaupt raten wir, den Hund anfangs nur kurze Zeit frei Fuß folgen zu lassen und ihn zwischendurch immer wieder an die Leine zu nehmen.

Auch hierbei hat sich der Hund jedesmal zu setzen, wenn der Führer stehenbleibt.

Platz und Abliegen

Leistungsziel: Der Hund liegt mindestens eine Viertelstunde lang an einem angewiesenen Platz, ohne daß er seinen Führer sehen, hören oder riechen kann.

Hörzeichen: »Platz!« (scharf und energisch). Dem folgt in beruhigender *Tonart:* »Bleib!« *Sichtzeichen:* Die rechte Hand macht eine Abwärtsbewegung, als ob sie den Hund sanft zu Boden drücken will.

Zunächst muß der Hund lernen, sich auf das Kommando »Platz!« sofort hinzulegen. Wir drücken ihn zu Boden und sprechen das Wort scharf und energisch, das unterstützt die Lust des Hundes sich zu ducken und hinzulegen. Dann verfahren wir wie bei der Sitzübung, indem wir uns langsam von dem Hund immer weiter entfernen.

Haben wir eine Entfernung von ca. 20 m erreicht, bleiben wir dort ste-

Die Übung »Platz« kann dem Hund aus der Sitzstellung durch Vorziehen der Vorderpfoten beigebracht werden

Das Hinlegen mit Hörzeichen »Platz« kann durch Treten auf die Leine geübt werden. Dann kein Gleit- oder Stachelhalsband benutzen

Die Übung »Platz« kann auch durch Niederdrücken auf Kreuz oder Schultern durchgeführt werden

hen, zunächst ihm zugekehrt, um ihn jederzeit am Aufstehen durch Zuruf hindern zu können, später mit dem Rücken zu ihm. Die Entfernung und die Aufliegedauer werden langsam gesteigert und Ablenkungsmomente eingeschaltet, d. h. Personen und auch andere Hunde bewegen sich in sichtbarer Nähe des Hundes.

Wenn der Hund sicher in Sichtweite des Herrn abliegt, beginnt man damit, außerhalb des Sichtbereichs des Hundes zu gehen. Zuerst versteckt man sich so, daß man das Tier trotz-

dem beobachten kann, um notfalls eingreifen zu können, falls es Anstalten macht, aufzustehen. Es muß unbedingt an dem ihm angewiesenen Platz verharren, bis es vom Herrn abgeholt oder abgerufen wird. Beherrscht der Hund das Abliegen verläßlich auch unter Ablenkung, kann man ihn überall mit hinehmen, zum Einkaufen, in Lokale usw. Es ist nur darauf zu achten, daß man ihm einen Platz zuweist, wo er nicht in Gefahr gerät, daß jemand auf ihn tritt oder über ihn stolpert.

Sehr ängstliche oder anhängliche Tiere kann man bei den ersten Übungen anbinden, um zu verhindern, daß sie dauernd zu ihrem Herrn laufen.

Das Herankommen zum Führer mit Vorsitzen

Leistungsziel: Der Hund kommt auf einmaliges Hör- oder Sichtzeichen, die natürlich auch gleichzeitig gegeben werden können, möglichst rasch und direkt zum Führer. In Erwartung neuer Lautzeichen setzt er sich aufmerksam vor ihn hin.

Hörzeichen: »Hier!« Langgezogen und lockend, vielleicht erst in Verbindung mit dem Namen.

Unser Hund hat im Verlauf der Ausbildung begriffen, daß er in allen unklaren Situationen zum Führer zurückkommt. Er weiß, daß er dadurch am besten Unannehmlichkeiten vermeidet und auch noch gelobt wird.

Rasches Herankommen erreichen wir dadurch, daß wir unseren Zögling des öfteren aus einer ihm abverlangten Haltung (Sitzen oder Liegen) zu uns rufen, anstatt ihn abzuholen. Wir steigern seine Freude, indem wir ihn

Will der Hund auf Hörzeichen nicht kommen, kann er langsam mit der Leine herbeigezogen werden

Während er an der Leine herbeikommt, muß ihm wiederholt das Hörzeichen »Komm« oder »Hier« zugerufen werden

mit Streicheln, gelegentlich auch mit einem Leckerbissen empfangen. Nur Hunde, die absolut sicher im Herankommen sind, lassen wir vorsitzen. Ansonsten genügt es, wenn der Hund bei dieser Übung geradewegs und zuverlässig zum Führer läuft.

Das Herankommen während des Gehens bei Fuß üben wir, indem wir den Hund unterwegs dann und wann sitzen oder abliegen lassen. Wir selbst gehen weiter und rufen ihn dann mit dem Hörzeichen »Hier!« zu uns. Zur Vertiefung und Festigung der richtigen Reizverknüpfung setzen wir den Hund bei dieser Übung wie auch bei anderen Aufgaben gelegentlich Ab-

lenkungen aus. Wir lassen ihn zum Beispiel in größerer Entfernung unter einer Menschengruppe sitzen. Beim Herankommen muß er dann und wann an spielenden Hunden vorbei, ohne vom Wege abzuschweifen. Tut er das, ist das Leistungsziel, möglichst rasch zum Führer zu kommen, erreicht.

Das Voraussenden in Verbindung mit Abliegen

Leistungsziel: Der Hund soll sich auf Hörzeichen in die ihm angewiesene Richtung vom Herrn entfernen und in gewünschter Entfernung hinlegen.

Hörzeichen: »Voraus« mit Sichtzeichen: erhobener Arm, der in die gewünschte Richtung zeigt, Hörzeichen »Platz!«.

Am einfachsten beginnen wir diese Übung, indem wir aus flottem Laufschritt mit dem frei bei Fuß folgenden Hund plötzlich stehenbleiben und den Hund mit aufmunterndem »Voraus« in Verbindung mit der richtungsweisenden Handbewegung von uns wegschicken. Erleichternd ist hierbei, wenn wir uns einen beidseitig durch Zäune oder Hecken begrenzten Weg aussuchen. Dort ist die Richtung zwangsläufig gegeben und wir vermeiden von vornherein, daß der Hund seitlich ausweicht. Anfangs lassen wir ihn durch energisches »Platz!« schon nach wenigen Schritten abliegen. Die Entfernung wird langsam vergrößert.

Weiche Tiere, die sich schlecht von ihrem Führer lösen, können wir noch unterstützen, indem wir in einiger Entfernung entweder ein Kleidungsstück, die Leine oder einen Leckerbissen hinlegen. Der Hund soll das unbedingt sehen. Wir gehen dann mit ihm zurück, verfahren in oben angegebener Weise und lassen ihn bei dem Gegenstand abliegen.

Wie bei allen Übungen, wird auch hier

Schäferhund bei der Übung »Platz und Abliegen«

Stehübung

die Arbeit unterbrochen, sobald der Hund sie seinem Ausbildungsstand entsprechend ausgeführt hat. Zu häufige Wiederholungen nehmen dem Hund die Freude. Wir loben ihn und belohnen ihn, indem wir mit ihm spielen. Beherrscht der Hund diese Aufgabe, so haben wir ein Mittel in der Hand, ihn notfalls aus einer Gefahrenzone wegschicken zu können.

Das Stehen

Leistungsziel: Der Hund bleibt auf Hörzeichen an seinem Platz stehen, bis er durch ein anderes Lautzeichen von dieser Übung befreit oder von seinem Herrn abgeholt wird.

Hörzeichen: »Steh!«

Mit dieser Übung kann schon begonnen werden, wenn der Welpe sein Wollfell durch das bleibende mit Deckhaar ersetzt hat, mit ca. 3 bis 4 Monaten, und zwar bei der Haarpflege. Wenn wir in bürsten, sollte er möglichst stehen, damit wir überall gut hingelangen können. Wir halten die Hand unter seinen Bauch und sagen »Steh!« möglichst langgezogen und ruhig. Wahrscheinlich wird er die

Körperpflege zuerst als Aufforderung zum Spiel ansehen und sich auf den Rücken legen oder versuchen, die Bürste in seine Gewalt zu bekommen. Aber mit der Zeit wird er das Hörzeichen »Steh!« mit seiner Körperhaltung verbinden lernen. Auch hierbei ist ein möglichst ausgiebiges Lob unerläßlich.

Auf diese Art können wir unnötige Verschmutzung unserer Wohnung vermeiden, indem wir den Hund beim Warten an der Ampel sich bei schlechtem Wetter nicht setzen lassen, wie er es aus der Leinenübung gewöhnt ist. Er würde sonst sein ganzes Hinterteil verschmutzen und diesen Schmutz in die Wohnung tragen.

Die Beherrschung der Stehübung kann später bei Ausstellungen sehr nützlich sein, außerdem kommt sie in der sportlichen Ausbildung vor und kann auf dieser Grundlage aufgebaut werden, nur wird sie dann aus der Bewegung ausgeführt, genau wie »Sitz« und »Platz«. Wir gehen bei der Ausbildung auch genauso vor, wie bei diesen beiden Aufgaben.

Gewöhnung an lautschwache Hörzeichen

Zu Beginn der Ausbildung war es notwendig, alle Hörzeichen in lautem, bisweilen sogar drohendem Ton zu rufen. Bei fortschreitendem Ausbildungsstand lassen wir dieselben Befehlsworte leiser und leiser ertönen.

Schließlich muß der Hund auf Hörzeichen im Flüsterton reagieren.

Das bietet zwei Vorteile: Der Führer bekommt den Hund leichter und besser in die Hand. Auch kann es beim Wachdienst sehr nützlich sein, wenn Fremde die Lautzeichen des Führers nicht hören. Für die Ausbildung besorgen wir uns eine Dressurpfeife. Wir bekommen den Hund dann im Dunkeln besser unter Kontrolle. Es ist besser für den Hundeführer, sich bei Suchaktionen mit dem Tier durch Pfeifensignale zu verständigen. Sie sind für Fremde schwieriger zu lokalisieren als Rufe. Wir üben das Herankommen auf Pfeifensignale ein, indem wir den Pfiff zunächst durch die entsprechenden Hör- und Sichtzeichen verdeutlichen. Allmählich gewöhnt sich der Hund daran, schon bei Ertönen des Pfeifensignals zum Führer zurückzukommen. Zur Verfeinerung des Trainings nehmen wir eine sogenannte lautlose Hundepfeife. Sie erzeugt Tonhöhen und Schwingungsskalen, die für das menschliche Ohr nicht wahrnehmbar sind, von Hunden jedoch sehr deutlich und noch auf größere Entfernung gehört werden können.

Sind wir mit unserer Ausbildung bis hierher gelangt und der Hund beherrscht alle aufgeführten Aufgaben perfekt, so verfügen wir über ein Tier, mit dem wir uns überall sehen lassen können. Er kann sich in jeder im Alltag vorkommenden Situation benehmen und wird nur angenehm auffallen.

Diese Grundübungen kann jeder normal veranlagte Hund früher oder später lernen, unabhängig von der Rasse. Der Zeitraum ist allerdings von mehreren Faktoren abhängig: Von der Auffassungsgabe des Hundes, von seiner Wesensfestigkeit, von dem Kontakt, den wir zu ihm haben, und von der Zeit, die wir für ihn aufbringen. Folgendes sollten wir aber immer im Auge behalten: Die Arbeit mit dem Hund sollte immer durch Spielpausen unterbrochen werden, damit er nicht die Lust verliert. Wir müssen die erlernten Übungen laufend wiederholen, damit sie nicht in Vergessenheit geraten, außerdem konsequent auf gleiches Hörzeichen die gleiche Übung verlangen. Wenn Platz gesagt wird, wird auch Platz gemacht und nicht etwa Sitz.

Hier wäre nun die Erziehung für den Hausgebrauch abgeschlossen. Es sollen in den folgenden Kapiteln nun noch Anregungen für weitere Ausbildung gegeben werden. Wer daran interessiert ist und einen dafür geeigneten Hund hat, sollte sich auf jeden Fall an einen Gebrauchshundeverein wenden und die weitere Ausbildung unter fachlicher Anleitung betreiben, zumal er da erfahrene Hilfspersonen und die nötigen Geräte zur Verfügung hat. Man kann natürlich auch die Grundausbildung auf einem Hundeübungsplatz vornehmen; so kann mit Erfolg vermieden werden, daß der Anfänger unnötige Fehler macht und seinen Hund verwirrt.

Ausbildung für Spezialzwecke

Gehorsamsverweigerung gegenüber Fremden

Leistungsziel: Der Hund soll fremden Personen nicht gehorchen, wenn sie ihn mit gebräuchlichen Hörzeichen beeinflussen.

Hörzeichen: »Pfui!«

Wenn wir unseren Hund selbst ausbilden und nie zu diesem Zweck in fremde Hände gegeben haben, wird es kaum dazu kommen, daß er auf Hörzeichen fremder Personen hört. Auf dem Übungsplatz lernen die Hunde das ganz automatisch, denn während ein Hundeführer die Unterordnung durcharbeitet, liegt ein anderer Hund ab. Der arbeitende Hundeführer gibt seinem Hund laufend Hörzeichen, auf die der abliegende Hund nicht reagieren darf.
Hat man jedoch seinen Hund ausbilden lassen, so wird man in dieser Beziehung meist Schwierigkeiten haben, denn der Hund wird, wenn er zu uns zurückkommt, nicht mehr auf uns hören. Wir selbst kennen die Lautzeichen und die Art der Ausbildung nicht, können also die richtige Reizverknüpfung für den Hund nicht herstellen. In seiner altvertrauten Umgebung wird er also wieder genau das tun und lassen, was er vor seiner Ausbildung auch getan und gelassen hat.

Es sei daher jedem angeraten, seinen Hund selbst unter Anleitung von Fachleuten auszubilden. Die gemeinsame Arbeit bindet Herrn und Hund fester aneinander und es macht auch viel Freude, sieht man erst einmal einen Erfolg seiner Bemühungen.

Futterverweigerung gegenüber Fremden

Bei sehr ängstlichen Hunden entfällt jede Ausbildung, da sie aus lauter Angst vor Fremden nie so sehr in deren Nähe geraten, um Futter nehmen zu können. Auch mit schlechten Fressern hat man keinerlei Mühe. Allen anderen sollte man es aber ab- bzw. nicht erst angewöhnen, fremdes Futter anzunehmen. Es könnte in böser Absicht gegeben werden und vergiftet sein, oder aber wir verlieren jede Übersicht über das, was unser Hund frißt und über die Menge, die ihm zuträglich ist.
Wir füttern vom ersten Tag, an dem der Hund in unsere Gemeinschaft kommt, immer am gleichen Platz. In anderen Räumen und bei Tisch gibt es nichts. Außerdem sorgen wir dafür, daß nie ein Fremder bei der Fütterung anwesend ist. Wenn der Hund das von klein auf gewöhnt ist, und er ausreichend und hundegerecht ernährt wird, können wir ihn, wenn er

älter geworden ist (ca. $^1/2$ Jahr), te-
sten. Wir lassen ihm Futter reichen,
aber nie an seinem Freßplatz, und unterbinden die Annahme mit kräftigem
»Pfui!« Ist der Hund soweit, daß er in
unserer Anwesenheit auch ohne
»Pfui« nichts annimmt, versehen wir
den Fremden mit einem präparierten
Futterbrocken (ein mit Senf, Pfeffer
oder sonstigem scharfen Gewürz ge-
fülltes Stück Fleisch oder Wurst), und
lassen ihn mit dem Hund allein. Bei
Annahme dieser Delikatesse wird das
Tier sein blaues Wunder erleben.

Eines sollten wir jedoch bedenken,
bevor wir unserem Hund die Futter-
verweigerung beibringen: Sind wir al-
leinstehender Hundebesitzer, wer
kann dann das Tier füttern, wenn wir
z. B. ins Krankenhaus müssen? In einer aus mehreren Personen beste-
henden Familie, in deren Mitte ein
Hund lebt, ist das kein Problem. Aber
im erstgenannten Fall hat das Tier es
schwer, das Erlernte zu vergessen
und den Selbsterhaltungstrieb die
Oberhand gewinnen zu lassen. Diese
innere Auseinandersetzung kann bei
sensiblen Tieren zu manchmal erheb-
lichen Störungen führen.

Lautgeben auf Hörzeichen

Leistungsziel: Der Hund bellt auf Befehl, um einen Fremden einzu-
schüchtern oder einen Kontakt mit
dem Führer herzustellen.

Hörzeichen: »Gib Laut!« oder »Laut!«

Diese Übung intensiviert den Kontakt
von Führer und Hund an beiden En-
den der Leine.

Viele Hunde haben einen »lockeren
Hals«, das heißt, sie bellen spontan
bei vielen Gelegenheiten. Anderen
Tieren macht es Schwierigkeiten, auf
Geheiß einen Laut aus der Kehle zu
bringen. Der Ausbilder muß also zunächst einmal beobachten, bei welchen Gelegenheiten sein Hund spontan bellt. Das ist oft der Fall, wenn der
Herr das Futter anrichtet, aber mit der
Freigabe der Futterschüssel wartet
oder wenn er Anstalten trifft spazie-
renzugehen, die Türe aber geschlos-
sen hält. Wenn der Ausbilder nun in
dem Moment, wo er die gespannte
Erwartung des Hundes erfüllt, das
Lautzeichen zum Bellen hören läßt,
dann stellt sich bei längerer Übung eine Reizverknüpfung ein.

Bei manchen Hunden bleibt allerdings eine dauernde Verknüpfung
von Bellen und Futtererwartung, was
für einen Wachhund bedenklich wäre. Wir ziehen daher eine andere Art
der Ausbildung vor: Die meisten mu-
tigen und kampflustigen Hunde bellen laut und anhaltend, wenn sie hinter einem Gitter oder an der Kette von
Fremden gereizt werden, ohne daß
sie den Eindringling erreichen können. Man kann also einen Hund, dessen Kampftrieb bereits geweckt ist,
ohne weiteres dadurch zum Bellen
bringen, daß man ihn irgendwo am
Halsband festlegt (sein Herr steht natürlich daneben), ihn dann von einem
Fremden reizen läßt und mit dem

Lautzeichen zum Bellen anfeuert. Zum Schluß beginnt der Hund beim bloßen Anblick eines Fremden zu bellen, sobald der Führer das Lautzeichen ertönen läßt. Besonders kampflustigen Hunden kann es allerdings passieren, daß sie vor Erregung keinen Laut herausbringen. Hier empfiehlt es sich, daß der Helfer das Tier aus größerer Entfernung reizt. Bei dieser Inszenierung probiert man aus, wie weit sich der Helfer vom Hund entfernen muß, bis dessen Kampflust soweit gesunken ist, daß er wieder zu bellen vermag. Der Helfer soll sich dabei ständig bewegen und die einmal ermittelte Warndistanz annähernd einhalten. Er entfernt sich, geht wieder vor. Dabei unterstützt der Führer die Reizung durch energische Aufforderungen zu bellen.

Das Springen

Leistungsziel: Der Hund lernt, auf Hörzeichen kleinere Hindernisse zu nehmen. Im Hochsprung überwindet er Zäune, Bretterplanken oder Mauern, im Weitsprung springt er über Gräben oder Bäche.

Hörzeichen: »Hopp!«

Schäferhund beim freien Sprung über ein Hindernis im Gelände. Zwei Arten des Hochsprungs sollten geübt werden: der Frei- und der Klettersprung

Der Klettersprung wird zuerst an einem dachartigen Hindernis geübt. Dieses wird immer steiler gestellt

Hat der Hund erst begriffen, nimmt er auch größere Hindernisse ohne Scheu, sobald der Befehl »Hopp« erfolgt

Der freie Sprung wird zuerst über leichte Hindernisse geübt. Dabei springt Frauchen gemeinsam mit dem Hund und ruft »Hopp«

Wir beginnen mit leichten Hindernissen, die der Ausbilder gemeinsam mit dem Hund überspringt. Dabei ertönt das Hörzeichen »Hopp!«. Dann stellt sich der Ausbilder hinter dem Hindernis auf. Der Hund sitzt oder steht ohne Leine davor. Er wird dann zum Herüberspringen durch das bekannte Hörzeichen ermuntert. Nach jeder gelungenen Übung wird er gelobt und gestreichelt. Auch ein Leckerbissen wirkt einprägsam. Wir üben zwei

Arten des Hochsprungs: Den Freisprung über Hecken und andere Barrieren, den Klettersprung über Holzplanken oder Mauern. Im Freisprung schafft der Hund im allgemeinen nicht mehr als einen Meter, im Klettersprung höchstens zwei Meter. Wir sollten die Sprungleistungen nicht übertreiben, um den Hund vor Verletzungen zu bewahren. Auch sollte mit dem Springen nicht begonnen werden, bevor der Hund ein Jahr alt ist. Da das Tier auf der anderen Seite des Hindernisses das ganze Körpergewicht mit der Vorhand auffängt, kommt es leicht zu Überdehnungen der Sehnen und Bänder, die noch nicht genügend gefestigt sind, und dadurch zu lockeren Schulter- und Ellbogengelenken.

Das Begleiten von Fahrrad und Pferd

Leistungsziel: Der Hund begleitet seinen Herrn neben Fahrrad oder Pferd.

Hörzeichen: »Bei Fuß!«

Die Begleitung seines Herrn zu Pferd ist nur in ganz seltenen Fällen aktuell. Viel häufiger kommt es vor, daß ein Hund am Fahrrad mitgeführt wird, sei es bei Dienstrunden oder einem Lauftraining. Für ein leinenführiges Tier ist das kein Problem. Auf jeder öffentlich befahrenen Straße läuft der Hund unbedingt angeleint an der rechten (dem Verkehr abgewandten) Seite

des Rades. So schreibt es die Straßenverkehrsordnung vor. Das Tempo ist so einzuhalten, daß der Hund im mittleren Trab folgen kann. Langsam trainiert können auch größere Strecken (20 km) zurückgelegt werden, vorausgesetzt, daß keine Ermüdungserscheinungen auftreten und sich unser Hund nicht die Pfoten aufläuft. Sinnvoll dosiert erhöhen wir auf diese Art die Ausdauer körperlicher Beanspruchung.

Die Begleitung von Motorfahrzeugen jeglicher Art (Moped, Motorrad usw.) verbietet das Gesetz.

Bei der Begleitung seines Herrn zu Pferd empfiehlt sich die freie Folge. Geritten wird ja auch im verkehrsfreien Gelände, also wird kaum eine Verkehrsgefährdung durch unseren Hund entstehen können.

Das Apportieren

Leistungsziel: Der Hund nimmt einen weggeworfenen Gegenstand auf Geheiß vom Boden auf. Das Objekt kann auch vorher an sichtbarer Stelle deponiert werden. Der Hund bringt es sofort und auf kürzestem Wege zum Führer. Er spielt nicht mit dem Gegenstand, sondern gibt ihn auf Hörzeichen ohne Zögern heraus.

Hörzeichen: »Bring!« und »Aus!«

Wir werfen beim Spielen oft Gegenstände weg und rufen »Bring!«. Dann laufen wir mit dem Hund an der Leine zum weggeworfenen Gegenstand hin und loben ihn, wenn er das Fundstück aufnimmt. Anschließend laufen wir mit dem angeleinten Hund zurück zum Ausgangsplatz. Der Hund trägt den Gegenstand derweil im Fang. Am Platz angekommen, wird der Hund nochmals gelobt. Mit dem Lautzeichen »Aus« nehmen wir ihm den Gegenstand aus dem Maul. Alles soll freundlich und spielerisch verlaufen. Zum Apportieren können wir Holzstücke verwenden. Besser eignen sich jedoch gut »verwitterte« Gegenstände, die nach dem Herrn oder nach einem Familienmitglied riechen, zum Beispiel getragene Socken oder gebrauchte Taschentücher. Stoffgegenstände knoten wir zusammen. Der Hund kann sie bequemer fassen und gerät weniger in Versuchung, sie zu zerbeißen. *Unter keinen Umständen verwenden wir Steine.*

Am besten eignet sich ein Bringholz (Apportierbock).

Wir lassen den Hund vor uns sitzen, geben ihm das Bringholz in den Fang und verwenden dann ein anderes Lautzeichen, wie zum Beispiel »Halt fest!«. Will der Hund den Gegenstand nicht festhalten, so wird mit der einen Hand von unten her der Unterkiefer gehalten und erst nach ein paar Sekunden wieder losgelassen.

Zu Beginn genügt es, wenn der Hund das Bringholz einige Sekunden festhält, später verlängert sich die Zeit bis auf eine halbe oder ganze Minute. Sobald der Hund begriffen hat, daß er das Bringholz im Fang behalten muß,

tritt der Führer mehrere Schritte zurück. Das Gesicht zum Hund gewendet, ermahnt er ihn: »Halt fest, halt fest!«. Nach einer halben bis einer Minute kehrt er zum Hund zurück, ruft nochmals »Halt fest!« und gibt dann nach einigen Sekunden das Lautzeichen zum Loslassen. Nähmen wir das Bringholz sofort bei der Rückkehr aus dem Fang, so könnte beim Hund eine Fehlverknüpfung entstehen. Er würde den Gegenstand unmittelbar nach dem Herankommen fallen lassen, schon auf die Handbewegung des Führers, der nach dem Gegenstand greift.

Bei einer sportlichen Prüfung würde dieser Schönheitsfehler Punkte kosten. Schulgerecht muß der Hund herankommen, vorsitzen und den Gegenstand in die Hand des Führers legen und erst auf besondere Aufforderung loslassen.

Dann gehen wir zur nächsten Übung über: Nach dem Hörzeichen »Sitz!« geben wir dem Hund das Bringholz in den Fang. Hörzeichen: »Halt fest!«. Dann geht der Führer nach rückwärts und ruft den Hund mit der Aufforderung »Hier!« zu sich. Hat er sich vorgesetzt, nehmen wir mit dem Hörzeichen »Aus!« das Bringholz aus dem Fang, was mit reichlichem Lob verbunden wird.

Diese beiden Bestandteile des Trainings dienen dazu, einerseits die Apportierlust wachzuhalten, andererseits dem Hund das zwangsmäßige Halten und Heranbringen des Bringholzes einzuschärfen. Erst wenn er beides gleichermaßen gut beherrscht, verbinden wir beide Übungen miteinander. Wir werfen zuerst das Bringholz. Sobald es der Hund aufgenommen hat, rufen wir ihn mit dem mahnenden Ton »Halt fest, hier!« zu uns. Kommt der Hund, so wird er mit Begeisterung und großem Lob empfangen. Wir greifen nach dem Holz, das der Hund natürlich nicht fallen lassen darf, und nehmen es ihm mit Hörzeichen »aus« ab. Auf Hörzeichen »Fuß« setzt der Hund sich dann auf die linke Seite des Führers.

Bei den meisten Hunden wird es wahrscheinlich notwendig sein, zumindest zu Beginn auf das exerziermäßige Sitzen vor dem Führer mit dem Bringholz im Maul zu verzichten. Es wäre ein grober Fehler, ihn beim Herankommen barsch zum Sitzen zu bringen. Der Hund erschrickt und läßt den Gegenstand fallen.

Ein exaktes Apportieren kostet langandauernde, systematische Schulung und ständiges Wiederholen bei Spaziergängen und anderen Gelegenheiten. Es lohnt sich jedoch und verbessert, wie jede andere vernünftige Übung, den gegenseitigen Kontakt von Führer und Hund.

Später wird diese Übung über die 1 m hohe Sprungwand geübt. Wenn der Hund gelernt hat, eine Kletterwand zu überwinden, wird auch darüber apportiert.

Wir wissen jetzt, wie wir einen Hund zu einem angenehmen Hausgenossen erziehen können. Außerdem haben wir gelesen, wie wir unserem

Vierbeiner bestimmte sportliche Leistungen beibringen können. Bei richtiger und konsequenter Anwendung unseres Lehrgangs erreicht fast jedes Tier die beschriebenen Ziele.

Spezialausbildung

Bei der Ausbildung zum Schutzhund handelt es sich um etwas grundsätzlich anderes. Der gewünschte Leistungseffekt kommt nur zustande, wenn das Tier entsprechend gut ausgebildete Erbanlagen für die vorgesehene Aufgabe mitbringt. Wo sie fehlen, wird auch der beste Ausbilder allenfalls nur Scheinleistungen erzielen. Das gilt vor allem für jene Elitehunde, die im öffentlichen Sicherheits- und Rettungswesen dienen, die nach Rauschgift schnüffeln, Verbrecher aufspüren oder Lawinenopfer suchen. Dazu kommen die privaten Hunde, vornehmlich die Blindenführer sowie die Wach- und Schutzhunde für das eigene Heim. Bevor wir uns den Ausbildungsmethoden zuwenden, sollen die verschiedenen Verwendungsformen kurz beschrieben werden. Jeden Hundeliebhaber wird es interessieren, zu welchen sportlichen und geistigen Leistungen die begabten Artgenossen unseres Haushundes gebracht werden können.

Ein Rettungshund wird ins Trümmergelände geführt

Der private Schutz- und Wachhund

Von diesem Hund verlangen wir, daß er die Annäherung von Fremden an den Heimbezirk seines Herrn (Haus, Hof, Garten, Lagerplatz) meldet und seine menschlichen Meutengefährten gegen Angriffe schützt. Er läßt sich nicht mit Stockschlägen oder Steinwürfen verjagen, läßt jedoch auf Pfiff oder Hörzeichen unverzüglich vom Gegner ab.

Es kann vorkommen, daß einzelne Hunde beiden Aufgaben nicht in gleicher Weise gerecht werden. Es gibt Wachhunde, die nicht schützen und Schutzhunde, die nicht wachen und bellen. Der Wachhund muß mit einem gewissen Grad von Schärfe und Mißtrauen ausgestattet sein. Die Schärfe hängt, wie wir wissen, mit dem Selbsterhaltungstrieb zusammen. Ist dieser sehr stark ausgebildet, so kann es leicht zu großer Ängstlichkeit kommen. Sie wäre für den Wachdienst wünschenswert, hindert den Hund jedoch an seiner Beschützerfunktion. *Keinesfalls darf die Ängstlichkeit so weit gehen, daß der Hund jede belanglose Kleinigkeit durch anhaltendes Bellen meldet.* Für reine

Alarmaufgaben eignen sich auch kleinere Hunde. Wo ein Hund ein einsames Haus oder besonders gefährdete Menschen beschützen soll, kann man sich keineswegs darauf verlassen, daß ein bellender Hund auch kämpft. Von einem Schutzhund verlangen wir außerdem Mut, einen ausgeprägten Kampftrieb sowie unbedingten Gehorsam. In diesem Zusammenhang können wir den Unterschied zwischen Mut, Kampftrieb und Schärfe gar nicht deutlich genug unterstreichen. Diese Wesenselemente treten natürlich auch vermischt auf.

Schärfe ist die Bereitwilligkeit des Hundes, auf fremde Reize feindlich zu reagieren, ohne selbst anzugreifen. Greift er zusätzlich an, faßt fest zu und zeigt auch nach dem befohlenen Auslassen ein ständiges Drängen zum Eindringling oder Täter, dann besitzt er einen ausgeprägten Kampftrieb. Mut zeigt ein Hund, der auch auf Entfernung den Täter verfolgt und festhält, sei es durch Umkreisen, Verbellen oder Zufassen, alles ohne die direkte Unterstützung seines Herrn. Schärfe läßt sich in gewissem Rahmen anerziehen; es kann also auch ein labiler Hund ohne Mut und Kampftrieb scharf sein. Mut und Kampftrieb dagegen sind erbgebunden und können bei Vorhandensein gefördert, nicht aber bei Fehlen anerzogen werden.

Diese drei Eigenschaften treten in den verschiedensten Graden und Kombinationen auf, fast jeder Hund ist anders. Selbst Wurfgeschwister weisen verschiedene Grade dieser Eigenschaften auf, und der Ausbildungserfolg ist vom Einfühlungsvermögen des Herrn und seiner Helfer abhängig. Sie müssen die Anlage erkennen und versuchen, sie in richtige Bahnen zu lenken, ein Zuviel bremsen und ein Zuwenig anreizen und fördern. Einen Hund mit ausgeprägtem Mut und Kampftrieb auszubilden ist relativ einfach. Einem guten Ausbilder gelingt es aber auch, aus einem weniger gut veranlagten Tier einen guten Schutzhund zu machen.

Der Schutz- und Begleithund des Sicherheitsbeamten hat ähnliche Aufgaben wie der private Schutz- und Wachhund, allerdings müssen wir von diesem Tier eine besondere Charakterfestigkeit verlangen. Er bewacht ja nicht irgendein Privatgrundstück, sondern soll überall dort arbeiten, wo er sich gerade mit seinem Herrn befindet.

Es gibt Hunde, die den eigenen Wachbezirk außerordentlich scharf und zuverlässig schützen. Sie brauchen aber längere Zeit, bis sie einen größeren Ort als Heimbezirk empfinden. Dieser Typ hat für den Polizeidienst wenig Wert. Hier muß der Hund seinen Führer gewissermaßen als Zentrum eines wandernden Heimbezirkes ansehen. Außerdem ist es im amtlichen Sicherheitsdienst oft *unzweckmäßig,* wenn der Hund durch Bellen Alarm schlägt. Er könnte dadurch eine Fahndungsaktion verraten. Er muß also lernen, seinem Führer durch leises Knurren, Miefen, aber auch durch stumme

Körperbewegungen wie Hochstellen der Rute und der Rückenhaare Gefahr zu melden.

Eine dritte Voraussetzung kommt hinzu. Der Begleithund des Sicherheitsbeamten muß bisweilen lange Strecken zurücklegen. Dazu gehören körperliche und seelische Ausdauer. Bei der Ausbildung zum Schutz- und Wachhund geht es im Prinzip darum, die natürliche Schutzbereitschaft des Hundes in verschiedenen Situationen zu erproben. Wir schulen ihn auf verschiedene Verhaltensmuster ein, um die Reaktionszeit zu verkürzen und die Kampftechnik zu verbessern. Wie bei jeder anderen Ausbildung kommt es also darauf an, vorhandene Erbanlagen in eine bestimmte Richtung zu lenken und auf das richtige Maß zu dosieren.

Wir dürfen nie vergessen, daß der Schutzhund eine lebende Waffe ist. Der Ausbilder muß sie voll in der Gewalt haben, damit ein begonnener Kampf jederzeit abgebrochen werden kann. Dies ist bei einem kampffreudigen Tier die schwierigste Aufgabe.

Nejer scjex. Vov der Molian Apothek. Und dn linke Sprachplu zu ?

Der Schutzdienst Dorf jenlsk

Die Vorübungen zum Schutzdienst können wir schon mit einem noch recht jungen Hund beginnen, indem wir ihn fest an die Leine nehmen und von einer fremden Person mit einem Sack o. ä. einärgern lassen. Zunächst wird er aus Spielerei versuchen, den Sack zu fangen und daran herumzu-

zerren. Der Herr hat das Tier dicht bei sich, eventuell sogar zwischen den Knien stehen, und ermuntert es laufend. Laute und drohende Ausrufe gegen den vermeintlichen Angreifer unterstützen es, die Lage zu begreifen. Dem Jungtier darf dabei nie etwas Schmerzhaftes passieren, deshalb wähle man auch nicht die Zeit der Zahnung. Verhält der Hund sich angriffslustig, lassen wir die Leine mehr und mehr nach, damit das Tier aus unserem direkten körperlichen Schutz herauskommt. Aber die Leine, die die Nabelschnur zum Herrn bildet, bleibt dran. Erst wenn das Tier sicherer und selbständiger wird und fest zufaßt, wird die Leine während des Kampfes losgelassen. Der Herr bleibt aber in der Nähe und unterstützt den Hund durch aufmunternde Zurufe. Je nach Grad der Ausbildung und Angriffslust des Hundes wird die Entfernung zum Herrn vergrößert, bis das Tier völlig auf sich allein gestellt in etwa 100 m Abstand ohne Beeinflussung des Herrn selbständig kämpft. Es darf nie vergessen werden, daß ein junger Hund immer als *Sieger den Kampfplatz* verlassen sollte, solange er noch nicht die genügende Selbständigkeit erlangt hat.

Um sich nun keine sogenannten Ärmelbeißer heranzuziehen (die nur Schutzanzug und Hetzärmel als Aufforderung zum Kampf ansehen, den normal gekleideten Einbrecher aber laufen lassen), lassen wir den Hund immer wieder zwischendurch von einem ungeschützten Helfer einärgern,

Der Hund vereitelt die Flucht des Täters

zuerst an der Leine angekettet, indem der Helfer mit einem Stock auf den Boden schlägt. Später zieht der Helfer eine feste Ledermanschette (Zivilschutzarm) unter die Jacke, und der Hund darf zufassen. Dabei muß natürlich der geschützte Arm dem Hund angeboten werden, und wir müssen unterbinden, daß der Helfer anderswo gebissen wird. Man kann auch mit Beißkorb üben, der den Biß unmöglich macht. Dabei ist jedoch zu bedenken, daß der Hund sich seiner beschränkten Möglichkeit und damit Unterlegenheit bewußt werden und sich unter Umständen vom Helfer zurückziehen könnte.

Bei den Schutzdienstübungen ist der Helfer die wichtigste Person. Er muß unbedingt Erfahrungen und Einfühlungsvermögen haben. Er muß den Charakter, die Wesensfestigkeit, den Kampftrieb und Mut des Jungtieres sofort erkennen und seine Art und Intensität der Helfertätigkeit danach einstellen. Wie schnell ist ein Hund durch zu hartes Anhetzen verdorben. Der Stock darf anfangs nur gezeigt, aber nie benutzt werden. Wenn der Hund schon kräftig zubeißt, wird er ganz sanft mit dem Stock berührt. Die später bei den Prüfungen gegebenen zwei Stockschläge sollen die Härte des Hundes zeigen, der trotz eigener Schmerzempfindung den Scheintäter nicht loslassen darf. Diese Übung wird nur in unmittelbarer Nähe des Herrn ausgeführt, der durch seine Anwesenheit den Hund psychisch wirkungsvoll unterstützt.

Beim gesamten Aufbau des Schutzdienstes muß jeder weiterführende Schritt solange geübt werden, bis der Hund die jeweilige Situation sicher beherrscht und auch ohne das Dazutun des Führers richtig reagiert. Bisweilen muß man auch mal einen Schritt zurückgehen, um dem Tier die Selbstsicherheit wiederzugeben, falls es der geforderten höheren Aufgabe noch nicht gewachsen ist. Dafür gibt es, wie für die ganze Ausbildung, kein Rezept, das ist bei jedem Tier anders und wir müssen uns nach den vorhandenen Anlagen richten. Ein Tier, das nicht über Mut und Kampftrieb verfügt, wird einen gewissen Grad an Schärfe erlernen können, sie aber nie selbständig in seinem Heimbezirk anwenden, sondern nur dort, wo es gelernt hat, nämlich auf dem Übungsplatz. Es ist ein typischer Vertreter der Ranglistenletzten des Rudels, und solche wird es immer geben. Als Wachhund ist er geeignet, da er infolge seiner geringen Selbstsicherheit in auftretenden fremden Geräuschen viel eher eine Gefahr sehen wird, als sein kampftriebbetonter selbstsicherer Artgenosse. Er wird anschlagen und seinem Herrn die Gefahr melden, aber nie versuchen, dieser Gefahr zu begegnen und sie abzuwenden. Er zeigt höchstens in unmittelbarer Nähe, bzw. an der Leine ein abwehrendes Verhalten dem eingedrungenen Fremden gegenüber (Knurren, Haare stellen usw.), aber einen Angriff wagt er nicht, denn dafür fehlt ihm der nötige Mut und Kampftrieb.

Der gestellte Täter
wird unter Aufsicht
des Hundes
auf Waffen untersucht

Das Auslassen

Hat der Hund das Zufassen gelernt und packt fest zu, kommt das Auslassen dran. Sowie der Scheintäter den Kampf einstellt und ganz ruhig steht, soll der Hund auf das Hörzeichen »Aus« loslassen, aber den Mann im Auge behalten, ihn bewachen und je- den Fluchtversuch oder erneuten An- griff durch Zufassen verhindern. Bei einem sehr harten Kämpfer ist das wohl die schwierigste Übung über- haupt; ein weniger kampfstarker Hund tut das eher und läuft gern zu seinem Herrn zurück, wenn der Kampf einmal unterbrochen ist. Bei der Disziplin sind wir sehr auf die Hilfe des Helfers angewiesen, denn dieser muß unser Hörzeichen unterstützen, indem er sich von dem Griff des Hundes befreit und Nachbeißen zu verhindern sucht, er muß aber auch, wenn das Interesse des Hundes nachläßt, dessen Aufmerksamkeit wieder auf sich lenken, ohne ein Anbeißen zu ermöglichen. Dazu gehört wieder sehr viel Feingefühl, um die Stärke der Abwehr oder des Anreizens genau entsprechend dem Verhalten des Hundes richtig dosieren zu können.

Es gibt noch ein Hilfsmittel, indem der Hundeführer zusätzlich zu dem Hörzeichen »Aus« das Hörzeichen »Platz« gibt. Ein Hund, der erst einmal ausgelassen hat und sich beim Helfer hinlegt, wird weniger leicht nachbeißen, aber auch nicht zu seinem Herrn zurücklaufen. Wird das oft genug geübt, legt der Hund sich auch schon auf das Hörzeichen »Aus« beim Helfer nieder. Die Hauptsache ist, der Hund begreift, daß er den Scheintäter bewachen muß, bis sein Herr eingetroffen ist und die »Verhaftung« vornehmen kann. Ob er bei ihm ablegt, sitzt, ihn umkreist oder verbellt, ist gleichgültig.

Stellen und Verbellen

Der Hund soll das Gelände abstreifen, einen versteckten Helfer finden und durch Verbellen seinem Herrn melden. Der Helfer trägt den Schutzanzug, verhält sich aber ganz passiv und versucht nur, eventuelle Angriffe des Hundes abzuwehren. Auch hierbei trägt der Helfer die Hauptverantwortung. Er ist es, der den Hund zum Verbellen aufmuntert, gegebenenfalls erst einmal auf sich aufmerksam macht, falls das Tier ihn völlig ignoriert, und ihn bei sich hält, bis der Hundeführer seinen Hund abholt.

Im Ernstfall ist die von dem Hund gestellte Person vielleicht gar nicht der gesuchte Verbrecher und soll nicht gebissen werden. Dieses stellt der Hundeführer fest, wenn er herangekommen ist. Etwas anderes ist es, wenn die gefundene Person doch der Verbrecher ist und sich durch Flucht oder Angriff der Gefangennahme entziehen will.

Das Leiterklettern

Leistungsziel: Der Hund lernt, über eine Leiter zu gehen und sie später zu besteigen.

Wir beginnen mit einer waagerechten Leiter. Sie wird auf zwei Holzböcke gelegt, und zwar in einer Höhe, die es dem Führer ermöglicht, den Hund zu halten, zu beruhigen und zu unterstützen. Wir stellen den Hund auf die Leiter, halten ihn mit einer Hand am Halsband und weisen ihn mit der anderen auf die nächste Sprosse. Wir loben ihn, sobald er seine Pfote auf die nächste Sprosse gesetzt hat und locken ihn so allmählich über die Leiter. Zum Anfeuern benutzen wir in tiefer Tonlage das Lautzeichen »komm

Unbefangenheitsübung für Rettungshunde

doch, komm«, dazwischen andere Lob- und Ermutigungsworte. Zunächst üben wir Stehen, Sitzen und Gehen auf der waagerechten Leiter, bis der Hund eine gewisse Sicherheit gewonnen hat und ihm diese Unbefangenheitsübung offenkundig richtig Spaß macht. Erst wenn der Hund wirklich sicher ist, beginnen wir mit dem Umdrehen und Zurückgehen. Zu Beginn lassen wir den Hund am Ende der Leiter abspringen und auf Kommando wieder hinaufspringen. Später üben wir mit dem Hörzeichen »Umdrehen« das Umdrehen und Zurückgehen auf der Leiter.

Sobald sich der Hund sicher auf der waagerechten Leiter bewegt, beginnen wir mit Kletterübungen an einer schräggestellten Leiter. Wir stellen sie allmählich immer steiler, jedoch sollte der Winkel 60 Grad nicht überschreiten, besonders wenn der Hund auf der Leiter wieder abwärts steigen soll. Er ist nicht imstande, wie ein Mensch rückwärts herunterzuklettern.
Einen gut geübten Hund können wir soweit trainieren, daß er eine fast senkrecht stehende Leiter erklettert. Die Kletterei können wir jedoch nur dort vornehmen, wo eine andere Möglichkeit zum Herabsteigen besteht. Man läßt ihn zum Beispiel auf

eine Terrasse klettern oder durch ein Fenster ins Zimmer. *Die wichtigste Grundregel bei der Ausbildung zum Leiterklettern lautet: Wir dürfen den Hund nicht in Absturzgefahr bringen.* Durch ein Brustgeschirr mit langer Leine schützen wir ihn vor Verletzungen. Außerdem müssen wir beachten, daß der Schwierigkeitsgrad steigt, je größer die Abstände zwischen den Sprossen und je schmaler diese selbst sind. Eine Leiter mit kantigen Sprossen besteigt der Hund leichter als eine Leiter mit runden Sprossen.

Im Anschluß an das Leiterklettern können wir dem Hund auch das Laufen auf schmalen Balken beibringen. Manchen Tieren fällt diese Übung leichter, so daß wir damit noch vor dem Leiterklettern beginnen. Rettungshunde müssen beispielsweise auf schmalen, schwankenden Brettern in die Trümmer eines Hauses eindringen.

Nasenarbeit

Hierbei unterscheiden wir zwei verschiedene Arbeitsweisen; einmal das Fährtensuchen, zum anderen das Stöbern. Ein Fährtenhund soll eine menschliche Fährte, deren Anfang ihm angewiesen wurde, mit der Nase sicher verfolgen, ohne sich durch Verleitungsfährten ablenken zu lassen. Ein Stöberhund sucht ein Gelände ohne Bodenfährte nach einer oder mehreren Personen ab, mit erhobener Nase und unter etwaiger Zuhilfenahme von Ohren und Augen.

Beide Arbeitsweisen entsprechen dem Naturtrieb des Hundes, der seine Beute aufstöbert und dann auf der Fährte verfolgt. Wir müssen diesen Trieb eben nur auf menschliche Witterung umfunktionieren und den Beutetrieb auf Hasen usw. unterdrücken. Diese beiden Arbeitsweisen werden im Sicherheits- und Rettungsdienst eingesetzt.

Haben wir einen Fährtenabgang, z. B. ein Fenster, durch das der Einbrecher geflohen ist oder eine Tür, durch die ein Kind weggelaufen ist, so verfolgt der Fährtenhund die Fährte, bis er die entsprechende Person gefunden hat. Haben wir keinen Ausgangspunkt, so stöbert der Hund das in Frage kommende Gelände ab und verbellt die gefundene Person.

Beide Arbeitsweisen können durchaus von *einem* Hund beherrscht werden, wenn wir ihm erst die eine sicher beibringen, später die andere. Üben wir Fährtenarbeit nur mit Suchgeschirr und langer Leine, Stöberarbeit dagegen ohne Geschirr und Halsband, lernt der Hund schnell unterscheiden, welche Arbeit von ihm verlangt wird. Grundbedingung für die Art der Ausbildung ist, daß der Hund über eine feine Nase verfügt.

Es ist zu unterscheiden zwischen Fährtenfestigkeit, Fährtensicherheit und Fährtenreinheit. Der fährtenfeste Hund soll bestrebt sein, nicht durch Körperwitterung zu finden, sondern lediglich durch das Verfolgen der

Fährtenwitterung. Er soll auf Hör- oder Sichtzeichen fährten, aber nicht stöbern.

Der fährtenreine Hund soll in jedem Fall auf der Ansatzfährte verharren, also auch bei gleichaltrigen anderen Fährten.

Der fährtensichere Hund soll auf der Ansatzfährte verharren, ohne auf eine frische oder ältere Fährte überzuwechseln. Er hat dies gelernt aufgrund der jeder Fährte anhaftenden bestimmten Geruchsbeschaffenheit.

Die Ausbildung zur Fährtenarbeit

Was ist eine Fährte? Geruchsfährten setzen sich aus mehreren Komponenten zusammen: Die Erde riecht an den eingedrückten Stellen anders. Organische Bestandteile des Bodens wie Erdbakterien sind an die Oberfläche gelangt. Auf bewachsenen Böden kommt dazu noch der Geruch zertretener oder geknickter Pflanzen. Schuhe lassen den Geruch von Lederteilchen und Pflegemitteln zurück. Schließlich wittert der Hund auch den individuellen Geruch des Menschen, der diese Spur gelegt hat. Dazu gehören auch Beigerüche, falls er seine Schuhe mit Kot oder anderen stark riechenden Elementen infiziert hat.

Das Geruchsgemisch einer solchen Fährte ist nicht leicht zu analysieren. *Die weitverbreitete Anschauung, eine Fährte setze sich lediglich aus den Individualgerüchen des Fährtenlegers*

zusammen, hält einer Untersuchung also auf keinen Fall stand.

Die Haltbarkeit einer Fährte ist sehr unterschiedlich. Sie variiert je nach Bodenart, örtlichem Klima, Jahreszeit und dem jeweiligen Wetter. Für Mitteleuropa gilt folgende Faustregel: Auf trockenem Steinboden oder Asphalt hält sich eine Fährte überhaupt nicht, wenn diese Unterlagen feucht sind, nur ganz kurze Zeit.

Das gleiche gilt für trockenen Sandboden ohne Pflanzenwuchs. Feuchter Sandboden hält eine Fährte etwas länger. Auf Böden, die mit Gras und Pflanzen bewachsen sind, halten sich Fährten bei feuchter Luft, mäßigem Wind und geringer Sonnenbestrahlung bis zu 24 Stunden. Bei starker Sonnenbestrahlung, starken Bodenwinden und trockener Luft verlöschen sie nach wenigen Stunden. Baumbestand konserviert eine Fährte, weil er Sonne und Wind abhält. Nach Sonnenuntergang gelegte Fährten halten sich gut, falls während der Nacht Tau gefallen ist. Platzregen wäscht dagegen jede Fährte ab. Leichter Regen frischt sie auf und erleichtert dem Hund die Suche. Auf Sandstrand sind menschliche Fährten so gut wie nie auszuarbeiten.

Der Fährtengeruch ändert sich, wenn die Fährte über verschiedene Böden führt, also zum Beispiel von einem Acker über Wiesen auf Waldboden überwechselt. Bei der Ausbildung müssen wir den Fährtenhund dazu bringen, daß er sich gewisse Merkzeichen einprägt, damit er die ihm zuge-

Fährtenarbeit an der 10 m langen Suchleine

wiesene Suchfährte unter anderen Fährten herausfindet. Das ist das eigentliche Leistungsziel.

Zur Theorie der Ausbildung sei nur soviel gesagt: Es ist für den Hund leichter, Fährten verschiedenen Alters zu unterscheiden als Gleichaltrige. Er muß deshalb zuerst lernen, seine Suchfährte von jüngeren und älteren Verleitungsfährten zu unterscheiden. Erst zum Schluß stellen wir ihm die Aufgabe, seine eigene Suchfährte gegenüber fast gleichaltrigen Verleitungsfährten sicher herauszuwittern. Mindestabstand 5 Minuten. Grundsätzlich beachten wir drei Regeln:

1. Der Hund wird anfangs nur mit einem Geruch vertraut gemacht, am besten mit dem des seines Hauptherrn.
2. Auch später, wenn er auf Fremdfährten arbeitet, dürfen nur solche Gegenstände »verloren« werden, die den Geruch des betreffenden Fährtenlegers tragen.
3. Die Suchfährte darf nie vom Fährtenleger selbst gekreuzt werden.

Wir beginnen die Fährtenarbeit, indem wir dem Hund beibringen, daß er seine Nase gebraucht. Am besten geht es folgendermaßen: Wir suchen uns ein geeignetes Gelände, eine Wiese, die von Wald oder Gebüsch begrenzt wird. Etwa 100 Meter vom Wald entfernt wird der Hund von einer ihm vertrauten Person abgelegt. Der Herr entfernt sich nun für den Hund sichtbar auf den Wald zu, geht ein Stück gerade in ihn hinein, bis er wirklich außer Sicht ist, um dann im rechten Winkel von der geraden Linie abzubiegen. Den Winkel geht er zur Erleichterung zunächst rund, das ist für den Hund einfacher. Nach ca. 30 bis 50 Metern versteckt sich der Herr hinter einem Baum oder Gebüsch und pfeift oder ruft einmal kurz nach dem Hund.

Inzwischen hat die Hilfsperson dem Tier ein Suchgeschirr angelegt und die 10 Meter lange Suchleine eingehakt. Ertönt Pfiff oder Ruf, wird der Hund mit dem Hörzeichen »Such« oder »Such Herrchen« in Richtung auf den Wald vorausgeschickt. In seinem Bestreben, dem Herrn dahin zu folgen, wo er ihn zuletzt gesehen hat, wird der Hund auf den Wald zulaufen. Als ausgesprochenes Nasentier sucht er den Geruch seines Herrn. Die Hilfsperson spornt ihn durch Zureden und »Such« an und zeigt mit der Hand auf den Boden. Sowie die Nase den Boden untersucht, wird der Hund gelobt und weiter angespornt, so daß der Hund das Wort »Such« mit der Tätigkeit seiner Nase zu identifizieren lernt. Die Hilfsperson geht dabei dicht hinter oder sogar neben dem Hund, die lange Leine schleift hinterher. Ein gut veranlagter Hund, der auch an seinem Herrn hängt, wird der Spur seines Herrn nun folgen, spätestens aber seine Nase im Winkel einsetzen, denn von da ab nutzt ihm das, was er bis zum Waldrand sehen konnte, nichts mehr. Hat er seinen Herrn gefunden, wird er gelobt, bekommt eine Belohnung und wird vom Suchgeschirr befreit.

Sollte diese Methode nicht zum gewünschten Erfolg führen, versucht man es mit einer Schleifspur, d. h. die Person, die die Fährte legt, zieht an einer Schnur ein Stück Fleisch oder Wurst hinter sich her und verleiht dadurch der Fährte einen zusätzlichen, dem Hund angenehmen Geruch.

Je nachdem, wie der Hund sich angestellt hat, wird bei weiteren Übungen die Leine länger gelassen, bis der Hund der direkten Beeinflussung des Führers entzogen wird und selbständig arbeitet. Der Abgangspunkt der Fährte wird intensiv getreten, d. h. der Fährtenleger hält sich längere Zeit (ca. 2 Minuten) auf einem 1 m² großen Platz auf und tritt diese Fläche ab. Sie soll möglichst eine Dreiecksform haben, wobei die eine Spitze den weiteren Fährtenverlauf bildet.

Bei weiterem Fortschritt kann ohne Hilfsperson auf Eigenfährten übergegangen werden. Nun werden auch zwei dem Herrn gehörende, gut verwitterte Gegenstände auf die Fährte gelegt, am besten aus Leder oder Stoff, da der Geruch daran am besten haftet. Der Hund soll nun diese Gegenstände verweisen, d. h. seinen Herrn darauf aufmerksam machen. Dieses kann auf verschiedene Weise durch Sitz, Platz, Steh oder Apportieren geschehen, dem Hundeführer ist es freigestellt, was er seinem Hund beibringt. Bei der Kriminalpolizei lehnt man jedoch das Apportieren ab, da im Ernstfall bei der Verfolgung eines Verbrechers ein verlorener Gegenstand u. U. ein wichtiges Beweisstück darstellt, an dem der Hund durch das Aufnehmen mit dem Speichel wichtige Spuren (Blut oder Fingerabdrücke) zerstören kann.

Wenn der Hund in der Ausarbeitung der Eigenfährte sicher ist, gehen wir zu Fremdfährten über. Anfangs kennt der Hundeführer noch die Fremdfährte, um seinen Hund korrigieren zu können, später, wenn der Hund eine gewisse Sicherheit erlangt hat, ist der Verlauf der Fährte auch dem Hundeführer unbekannt und der Hund muß völlig selbständig arbeiten; Herrchen kann ihm nicht helfen, da er ja die Fährte nicht wahrnehmen kann. Wichtig ist, daß die Gegenstände immer die Witterung des Fährtenlegers tragen. Sonst kann es passieren, daß der Hund alles verweist, was er findet, von Spaziergängern weggeworfene Zigarettenschachteln und sonstige Abfälle. Durch schrittweise Verlängerung der Fährte, Einbau mehrerer Winkel (anfangs nur rechte Winkel, später auch stumpfe und spitze), Erhöhung der Anzahl der Gegenstände und Verlängerung der Zeit zwischen dem Legen und Ausarbeiten der Fährte, arbeiten wir mit unserem Hund weiter. Wir wechseln häufig das Gelände, überqueren begangene Wege. Das Endziel ist, daß der Hund ohne Beeinflussung des Führers eine Fährte sauber ausarbeitet und auf die darauf liegenden Gegenstände des Fährtenlegers verweist.

Zwischen den einzelnen Übungen sollten wir möglichst mehrere Tage Zeit lassen, je nach Kraft und Verfassung des Tieres. Die intensive Nasenarbeit ist für den Hund sehr anstrengend. Pulsschlag und Körpertemperatur erhöhen sich beträchtlich und es kann bei zu häufiger oder zu lange andauernder Sucharbeit zu Kreislaufschäden beim Hund führen. Oder aber das Tier verliert die Lust zum Suchen, weil es sich von der pausenlosen Kraftanstrengung überfordert fühlt.

Der fertig ausgebildete Hund muß eine Fremdfährte von 1500 Metern Länge mit sechs Winkeln und vier Gegenständen mit tiefer Nase ausarbeiten können, die an zwei Stellen von einer Verleitungsfährte gekreuzt wird.

Die Ausbildung zum Stöberhund

Die Stöbersuche unterscheidet sich grundsätzlich von der Fährtenarbeit. Während der Fährtenhund mit der Nase am Boden sucht, sucht der Stöberhund mit erhobener Nase und unter Verwendung aller seiner Sinne ein bestimmtes Terrain nach Menschen ab. Gefundene Menschen soll der Stöberhund im Idealfall bellend verweisen (Nachtsuche), jedoch unter keinen Umständen beißen.

Jedes andere Verweisen (Rutenwedeln, Jaulen, erregtes Gebaren) ist auch zulässig. Er kann auch zu seinem Herrn zurückkommen und ihn auffordern, ihm zu folgen. Die Hauptsache ist, daß der Hundeführer seinen Hund kennt und seine Mitteilung versteht.

Diese Ausbildung dient dem Auffinden vermißter Personen in unübersichtlichem Gelände. Zu Beginn üben wir die Suche nach Menschen und das Verbellen.

Das Suchen nach dem Scheintäter, ihn zu stellen und zu verbellen, kennt der Hund schon aus der Mannarbeit. Wir verstecken einen Helfer möglichst liegend im Gelände, denn darauf reagiert ein Hund völlig anders als auf einen stehenden. Er sieht in ihm keinen Gegner, er ist in den Augen des Hundes klein und hilflos und ungefährlich. Bei ganz kampflustigen Hunden kann man zur Sicherheit noch ein flaches Gestell aus Maschendraht über den Helfer stülpen, so daß dieser vor eventuellen Angriffen des Hundes geschützt ist.

Der Führer nimmt dem Hund das Halsband ab und schickt ihn mit »Voraus« und »Such« ins Gelände, möglichst gegen die Windrichtung und so, daß er nicht auf die Fährte des Helfers kommen kann und darauf weiterläuft. Der Führer hält sich anfangs in der Nähe des Hundes auf, um ihn genau beobachten und durch erneutes »Voraus, Such« zur Arbeit anregen zu können. Gleichzeitig hat er die Möglichkeit, das Suchen nach Mäusen und Wild durch kräftiges »Pfui« zu unterbinden und den Hund an die ihm gestellte Aufgabe zu erinnern. Kommen wir in die Nähe des versteckten Helfers, bleiben wir stehen und beobachten, wie der Hund reagiert. Jeder Hund wird sich anders benehmen. Wird der Helfer zwar wahrgenommen, aber ignoriert, so muß der Helfer den Hund durch Geräusche auf sich aufmerksam machen. Sowie der Hund nun bei dem Helfer ist und ihn beschnuppert, eilt der Führer hinzu, lobt seinen Hund. Er hält ihn jetzt fest und ermuntert ihn zum Bellen, läßt ihn aber auf keinen Fall angreifen.

Wenn der Hund diese Grundübung beherrscht, d. h. jeden gefundenen Menschen sichtbar oder hörbar seinem Führer anzeigt, kann darauf die Ausbildung zum Lawinen- oder Rettungshund aufgebaut werden. Beide Arten dienen dazu, verschüttete Menschen aufzuspüren und so die Rettung zu beschleunigen, die Lawinenhunde im Schnee, die Rettungshunde in eingestürzten Häusern nach Erdbeben oder Gasexplosionen und dergleichen. Bei dieser Arbeit werden höchste Anforderungen an die Tiere gestellt, so daß nur völlig wesens- und nervenfeste Tiere dafür in Frage kommen, die völlig selbständig arbeiten, und die feine Nase muß die Witterung durch oft meterdicke Schnee- oder Trümmerschichten wahrnehmen können.

Die Ausbildung zum Botenhund

Leistungsziel: Der Botenhund stellt eine Verbindung zwischen Punkten her. Er legt eine eingelernte Strecke zwischen zwei Führern zurück. Oder er läuft eine Strecke, deren Endpunkte sich jeweils ändern. Nach der einen oder anderen Seite oder auch nach beiden Seiten wird jeweils eine neue Teilstrecke hinzugegeben.

Botendienst auf einer kurzen Strecke ist ein Sport, der Hund und Herrn Freude bereitet. So kann man sein Tier zum Beispiel dazu bringen, eine »Privatverbindung« zwischen Haus und Arbeitstelle herzustellen. Aus dem Krieg kennen wir die als tapfer gerühmten Meldehunde. Das Laufen zwischen fixen Punkten lernt der Hund als Gedächtnisübung. Voraussetzung ist, daß zwei Führer da sind, die das Tier möglichst gleichmäßig liebt. Beide stellen sich zunächst 10 bis 20 Meter entfernt voneinander auf. Die Gesichter wenden sich einander zu. Einer hat den Hund angeleint und schickt ihn mit dem Hörzeichen »Meldung« zu seinem Gegenüber. Wenn der Hund nicht begreift, was man von ihm will, ruft der zweite Führer B ihn lockend zu sich, während A das Tier losschickt. Bei B angekommen, wird der Hund gestreichelt und mit einem guten Brocken belohnt. Dann schickt B ihn zurück. A empfängt ihn in gleicher Weise. Das wiederholt man einige Male, bis der Hund erkennt, was er tun soll. Wichtig ist, daß A und B ihn gleichmäßig freundlich begrüßen und ihm das Kommen jeweils mit Annehmlichkeiten verknüpfen. Wenn zwischen A und B ein Lustgefälle besteht, wird der Hund gewöhnlich nur jene Strecke einwandfrei laufen, die ihn zum bevorzugten Führer bringt.

Sobald das Hin- und Herpendeln auf kurzer Strecke einwandfrei geschieht, verlängert man die Entfernung um einige Meter. Dann stellt sich einer der beiden Führer in Deckung auf. Jetzt muß der Hund auf das Hörzeichen hin auf den ihm bekannten Endpunkt zulaufen. Man kann ihm auf diese Weise beibringen, eine Meldestrecke von 200 bis 300 Metern in beiden Richtungen zurückzulegen. Das gilt selbstverständlich nur für Tiere, die weder hoffnungslose Katzenjäger noch Raufer sind, sondern auf die man »sich verlassen« kann.

Will man den Hund auf eine längere Meldestrecke schicken, so wendet man eine andere Methode an. Wir wissen, daß sein Leitsinn der Geruch ist. Also legen wir ihm eine künstliche Geruchsfährte. Sie muß aus einer tropfenden Flüssigkeit bestehen, die sich zwar längere Zeit, aber eben nur für die benötigte Dauer hält. Sonst würden wir das Gelände mit Verleitungsfährten durchsetzen. Auch hier arbeiten wir zunächst auf einer kurzen Strecke, die wir nach und nach verlängern. Hier ist es noch wichtiger als beim Botengang nach Gedächtnis, daß unser Hund beiden Führern A und B gleichermaßen zugetan ist und daß er absolut gleichmäßig von beiden empfangen wird. Hunde, die man zum Meldegang auf künstlicher Geruchsfährte abrichten will, dürfen nicht zum Streunen neigen. Sie müssen absolut sicher gegenüber anderen Hunden, Katzen, Wild und sonstigen Ablenkungen sein. Je länger die Strecke, desto größer kann die Gefahr für den Hund sein. Der im Botendienst laufende Hund muß als solcher gekennzeichnet sein, zum Beispiel mit einem roten Kreuz. Sicherheitspersonen oder Förster müssen sehen, daß er im Dienst läuft und nicht streunt.

Die Ausbildung zum Lebensretter im Wasser

Leistungsziel: Der Hund geht auf Kommando ins Wasser und bringt ihm zugewiesene kleinere oder größere Gegenstände an Land. Auf Hörzeichen zieht er ein Boot an Land. Er wird Ertrinkenden zu Hilfe geschickt, bringt ihnen entweder einen Rettungsring oder schleppt eine in Ertrinkungsgefahr schwebende Person am Arm ans Ufer.

Der künftige Wasserrettungshund muß zunächst daran gewöhnt werden, auf Hörzeichen ins Wasser zu gehen. Anfangs schickt man ihn in seichtes Wasser, später in tieferes, wo er schwimmen muß, um Gegenstände zu apportieren.

Hat der Hund das Apportieren bereits an Land gelernt, so muß er nun ebenso korrekt Gegenstände, die ihm anfangs zugeworfen, später zugewiesen werden, aus dem Wasser bringen. Soll er bereits schwimmende Gegenstände holen, dann wird er dorthin mit der Hand dirigiert, wie beim Stöbern an Land. Die Handzeichen unterstützen wir durch Werfen kleiner Steine in die gewünschte Richtung. Den apportierten Gegenstand liefert der Hund beim Führer ab.

Das Retten von Menschen lernt der Hund zunächst mit Übungspuppen. Hier steigen die Hunde oft lieber auf die lebensgroßen Puppen, statt sie an Hand und Fuß zu fassen. Dann muß der Führer mit dem Hund zur Puppe schwimmen, um ihn zum richtigen Fassen zu veranlassen.

Das realistische Retten von Menschen bringen wir dem Hund bei, indem wir ihn auf einen Schwimmer ansetzen. Der Simulant trägt zur Vermeidung von Bißwunden einen starken Handschuh. Nicht weit entfernt vom Ufer, anfangs nicht mehr als 10 bis 20 Meter, schlägt er um sich und ruft um Hilfe. Hunde, die bereits das Bergen einer Puppe gelernt haben, springen meist sofort ins Wasser. Sonst bringt man sie mit dem Hörzeichen dazu. Sobald das Tier in seiner Nähe ist, streckt ihm der Schwimmer die Hand hin. Allenfalls sagt er das Apportierwort. Der Führer kommandiert vom Ufer aus mit dem Apportierwort und ruft den Hund mit »Halt fest!« oder ähnlichen Hörzeichen zu sich ans

Ufer. Der »Ertrinkende« kann dem Hund diese Aufgabe bei den ersten Übungen durch eigene Schwimmbewegungen erleichtern. Er achtet darauf, daß er den vom Hund gefaßten Arm nicht unter Wasser taucht. Begreift der Hund seine Aufgabe nicht sofort, so empfiehlt sich folgende Hilfe: Der Führer oder ein dem Hund gut bekannter Freund simuliert anfänglich den Ertrinkenden. Er ruft ausgiebig um Hilfe und lockt den Hund beim Namen zu sich. Sobald der Hund weiß, daß er auf das Lautzeichen »Hilfe!« zu dem im Wasser befindlichen Menschen schwimmt, bringt man ihm das Überbringen eines Rettungsringes bei. Dazu bekommt der Hund

ein Stück Tau mit dem Rettungsring in den Fang, möglichst nahe am Ring. Mit dem Hörzeichen »Hilf!« wird er auf den Schwimmenden angewiesen. Meistens wird der Hund das Tau beim Ankommen loslassen, um den Menschen wie gewohnt am Arm zu packen. Hier muß der Schwimmende den Hund anleiten, statt seiner den Strick zu fassen und den Menschen am Rettungsring an Land zu ziehen. Hörzeichen: »Heimwärts!«. Außerdem muß der perfekte Wasserrettungshund lernen, auf Befehl ein Boot an einem ins Wasser hängenden Tau an Land zu schleppen. Auch Meldeschwimmen von Ufer zu Ufer wäre eine empfehlenswerte Übung (siehe

Gewöhnung des Hundes an Wasser

hierzu die Anleitungen zum Thema Botenhund).
Die Schwimmtechnik und Ausdauer unseres Vierbeiners verbessern wir durch regelmäßige Übungen. Entweder schwimmt er neben seinem Führer oder folgt ihm hinter dem Boot. Sobald der Hund ermattet, bricht man die Übung ab.
Nach jeder Wasserarbeit soll er Gelegenheit bekommen, sich in der Sonne zu trocknen. Wo das nicht möglich ist, sorgt man solange für Bewegung, bis das Tier mit Tüchern oder Papier trockengerieben werden kann.

Wir wollen zur Hundeausstellung

Vielleicht haben wir den Ehrgeiz, unseren Rassehund später auf Ausstellungen vorzuführen, um Preise zu erhalten. Dafür müssen wir ihn rechtzeitig vorbereiten. Wir zügeln unter allen Umständen seine Rauflust und lehren ihn, sich möglichst gutmütig gegenüber seinen Artgenossen zu verhalten. Wir gewöhnen ihn daran, zusätzlich mit anderen Hunden an der Leine zu laufen. Er muß lernen, sich ohne besonderes Einschüchtern absolut friedlich gegenüber seinen Begleitern zu verhalten.
Man erleichtert sich die eigene Arbeit und die Arbeit des Preisrichters, wenn man seinen Hund so einübt, daß er sich auf ein bestimmtes Wort in Positur stellt und einige Zeit in Ruhe verharrt. Dabei hilft ein schmackhafter

Futterbrocken oder ein besonders begehrtes Spielzeug.
Bei der Ausstellung bringen wir den Hund nur dann in Positur, wenn sich der Richter für ihn interessiert. Sonst würde er unnütz ermüden. Unterdessen lassen wir ihn ausruhen, sofern dies nach den Örtlichkeiten und Wettbewerbsregeln möglich ist.
Wahrscheinlich müssen wir mit unserem Vierbeiner reisen. Deshalb gewöhnen wir ihn schon als Jungtier daran, sein Geschäft auf ein bestimmtes Lautzeichen hin zu erledigen. Zumindestens müssen wir ihm im Bedarfsfall dazu einen starken Anreiz geben. Beinahe jeder Kutscher hatte früher ein Lautzeichen, um sein Pferd zum Wasserlassen zu bringen.

Wir wollen zur Prüfung

Prüfungen werden von den Ortsgruppen der Gebrauchshundevereine durchgeführt, die es vielerorts gibt. Die Abnahme darf nur durch einen zugelassenen Leistungsrichter erfolgen. Es ist wohl selbstverständlich, daß wir nur einen völlig gesunden und in guter Kondition befindlichen Hund zur Prüfung melden.
Die erste Prüfungsstufe, auf der alle weiteren Prüfungen aufbauen, ist die Schutzhund I-Prüfung. Mindestalter für die Zulassung ist 14 Monate. Diese Prüfung besteht aus den drei Abteilungen A Fährtenarbeit, B Unterordnungsleistungen und C Schutzdienst und verlangt folgende Leistungen:

Apportieren eines Apportierholzes

Abteilung A
Leistungen in der Fährtenarbeit
Höchstpunktzahl 100,
Hörzeichen »Such«

Verlorensuche auf einer ungefähr 300 bis 400 Schritt langen, mindestens 20 Minuten alten HF*-Fährte mit zwei Gegenständen an 10 Meter langer Fährtenleine.
Die HF-Fährte enthält zwei rechte Winkel. Der Richter bestimmt unter Anpassung an das vorhandene Fährtengelände den Verlauf der Fährte. Die Abgangsstelle der Fährte muß gut

* HF = Hundeführer

gekennzeichnet sein durch ein Schild, welches links von der Abgangsstelle in den Boden gesteckt wird. Nachdem der HF am Abgang der Fährte einige Zeit verweilt hat, geht er den vom Richter vorgeschriebenen Weg und legt den ersten Gegenstand ungefähr in der Mitte des zweiten Schenkels (in der Mitte zwischen dem ersten und zweiten Winkel) ab, ohne seine Gangart zu unterbrechen. Der zweite Gegenstand wird am Ende der Fährte abgelegt. Der Fährtenleger entfernt sich noch einige Schritt in gerader Richtung, um dann abseits der Fährte zurückzukommen. Der HF kann die Fährte von seinem Hund frei oder an der zehn Meter langen Fährtenleine ausarbeiten lassen. Beide Arten werden gleich bewertet.

Abteilung B
Unterordnungsleistungen
Höchstpunktzahl 100

Jede Einzelübung beginnt und endet mit der Grundstellung.

1. *Leinenführigkeit und Unbefangenheit* (15 Punkte) Hörzeichen »Fuß«

Von der Grundstellung aus hat der am Halsband angeleinte Hund seinem HF auf das Hörzeichen »Fuß« freudig zu folgen. Zu Beginn der Übung hat der HF mit seinem Hund etwa 40 Schritt geradeaus hin und zurück zu gehen, ohne Halten zu zeigen. Der Hund hat stets mit dem Schulterblatt in Kniehöhe an der linken Seite des HF zu bleiben, er darf nicht vor, nach oder seitlich laufen. Die Übung ist auf der Geraden im gewöhnlichen, langsamen und im Laufschritt zu zeigen. Im gewöhnlichen Schritt sind mindestens eine Rechts-, Links- und Kehrtwendung auszuführen. Die Kehrtwendung ist vom HF als Linkskehrtwendung zu zeigen. Nur beim Angehen und beim Wechsel der Gangart ist dem HF das Hörzeichen »Fuß« gestattet. Bleibt der HF stehen, hat der Hund sich schnell ohne Einwirkung des HF zu setzen. Der HF darf hierbei seine Grundstellung

nicht verändern und insbesondere nicht an den evtl. abseits sitzenden Hund herantreten. Die Führleine soll während des Führens in der linken Hand gehalten werden und muß lose durchhängen. Auf Anweisung des LR* geht der HF mit seinem Hund durch eine Gruppe von mindestens vier Personen. Der Hundeführer hat in der Gruppe mindestens einmal zu halten. Die Gruppe hat sich durcheinanderzubewegen.

Zurückbleiben, Vordrängen, seitliches Abweichen des Hundes sowie zögerndes Verharren des HF bei den Wendungen sind fehlerhaft.

2. *Frei folgen* (20 Punkte) Hörzeichen »Fuß«

Auf Anordnung des Richters wird der Hund aus der Bewegung abgeleint. Der HF hängt sich die Führleine um die Schulter oder steckt sie in die Tasche und begibt sich mit seinem frei folgenden Hund sofort wieder in die Personengruppe, um dort mindestens einmal anzuhalten. Nach Verlassen der Gruppe nimmt der HF kurz die Grundstellung ein und beginnt dann die Freifolge analog der Festlegungen zu Übung 1. Während der HF mit dem frei folgenden Hund die oben beschriebene Übung ausführt (nicht aber beim Gehen durch die Gruppe), sind zwei Schüsse abzugeben. Der Hund hat sich *schußgleichgültig* zu verhalten.

* LR = Leistungsrichter

Zeigt sich der Hund schußscheu, scheidet er sofort von der Prüfung aus. Zeigt der Hund auf den Schuß Angriffslust, so ist das bedingt fehlerhaft, sofern er noch in der Hand des HF steht. Volle Punktzahl kann auf jeden Fall nur der schußgleichgültige Hund erhalten.

3. *Sitzübung* (10 Punkte)
   Hörzeichen »Sitz«

Von der Grundstellung aus geht der HF mit seinem frei bei Fuß folgenden Hund geradeaus. Nach mindestens zehn Schritt hat sich der Hund auf das Hörzeichen »Sitz« schnell zu setzen, ohne daß der HF seine Gangart unterbricht oder sich umsieht. Nach weiteren dreißig Schritt bleibt der HF kurz stehen und dreht sich sofort zu seinem Hund um. Auf Anweisung des Richters geht der HF zu seinem Hund zurück und nimmt an dessen rechter Seite Grundstellung ein. Wenn der Hund, anstatt zu sitzen, sich legt oder stehenbleibt, werden hierfür 5 Punkte abgezogen.

4. *Ablegen in Verbindung mit Herankommen* (10 Punkte)
   Hörzeichen »Platz«/»Hier«/»Fuß«

Von der Grundstellung aus geht der HF mit seinem Hund auf das Hörzeichen »Fuß« geradeaus. Nach mindestens zehn Schritt hat sich der Hund auf das Hörzeichen »Platz« schnell hinzulegen. Ohne andere Einwirkungen auf den Hund und ohne sich um-

zudrehen, geht der HF noch dreißig Schritt in gerader Richtung weiter, dreht sich sofort zu seinem Hund um und bleibt still stehen. Auf Anweisung des Richters ruft der HF seinen Hund heran. Freudig und in schneller Gangart hat sich der Hund seinem HF zu nähern und sich dicht vor ihn zu setzen. Auf das Hörzeichen »Fuß« hat sich der Hund neben seinen HF zu setzen.
Bleibt der Hund stehen oder setzt er sich, kommt jedoch einwandfrei heran, so werden 5 Punkte abgezogen.

5. *Bringen eines dem Hundeführer (HF) gehörenden Gegenstandes auf ebener Erde* (10 Punkte)
   Hörzeichen »Bring«

Der neben seinem HF frei sitzende Hund hat auf das einmalige Hörzeichen »Bring« in schneller Gangart auf den vorher etwa acht Schritt weit weggeworfenen Gegenstand zuzulaufen, diesen sofort aufzunehmen und seinem HF in schneller Gangart zu bringen. Der Hund hat sich dicht vor seinen HF zu setzen und den Gegenstand so lange im Fang zu behalten, bis der HF ihm nach einer kurzen Pause den Gegenstand mit dem Hörzeichen »Aus« abnimmt.
Auf das Hörzeichen »Fuß« hat sich der Hund schnell neben seinen HF zu setzen. Neben einem dem HF gehörenden Gegenstand kann auch ein Bringholz verwendet werden.
Der HF hat so lange in Grundstellung zu bleiben, bis der Hund den Gegen-

stand abgegeben und sich links neben den HF gesetzt hat.

Bewertung:
Läßt der Hund den Gegenstand fallen,
spielt oder knautscht er, so werden
hierfür bis zu 4 Punkte abgezogen.
Bei Änderung der Grundstellung des
HF sind bis zu 3 Punkte zu kürzen.
Bringt der Hund nicht, ist die Übung
mit null Punkten zu bewerten.

6. Bringen eines dem Hundeführer
    (HF) gehörenden Gegenstandes
    im Freisprung über eine 1 Meter
    hohe und 1,50 Meter breite Hürde
    (15 Punkte)
    Hörzeichen »Hopp«, »Bring«

Der HF stellt sich in angemessener
Entfernung vor die Hürde, während
der Hund frei neben ihm sitzt. Neben
einem dem HF gehörenden Gegenstand kann er auch ein Bringholz über
die Hürde werfen. Auf das Hörzeichen »Hopp«, »Bring« hat der Hund
im Freisprung, ohne auf die Hürde
aufzusetzen, darüberzuspringen, den
Gegenstand sofort aufzunehmen und
sich nach dem Rücksprung dicht vor
seinen HF zu setzen und den Gegenstand so lange im Fang zu behalten,
bis der HF ihm nach einer kurzen
Pause den Gegenstand mit dem Hörzeichen »Aus« abnimmt. Auf das Hörzeichen »Fuß« hat sich der Hund
schnell neben seinen HF zu setzen.
Das Hörzeichen »Bring« muß gegeben werden, bevor der Hund beim
Gegenstand ist.

Bewertung:
Für leichtes Streifen können bis
2 Punkte, für starkes Streifen und
leichtes Aufsetzen bis 3 Punkte, für
starkes Aufsetzen, Fallenlassen des
Gegenstandes, Spielen oder Knaut-
schen können bis 4 Punkte abgezo-
gen werden.
Rücksprung verweigert, Gegenstand
ohne Beanstandung gebracht = 8
Punkte.
Hinsprung nicht ausgeführt, Rück-
sprung ohne Beanstandung, Gegen-
stand gebracht = 8 Punkte.
Hin- und Rücksprung ausgeführt, Ge-
genstand nicht gebracht = 8 Punkte.
Hin- und Rücksprung nicht ausge-
führt, Gegenstand gebracht = null
Punkte.
Hinsprung ausgeführt, ohne Rück-
sprung, Gegenstand nicht gebracht =
null Punkte.

7. *Voraussenden mit Hinlegen*
    (10 Punkte) Hörzeichen »Voraus«,
    »Platz«, »Sitz«

Auf Anweisung des Richters geht der
HF einige Schritte mit seinem frei folgenden Hund in der ihm angewiesenen Richtung geradeaus. Unter
gleichzeitigem Erheben des Armes
gibt er dem Hund das Hörzeichen
»Voraus« und bleibt nach einigen
Schritten stehen. Der Hund hat sich in
schneller Gangart mindestens fünfundzwanzig Schritt in der angezeigten
Richtung zu entfernen. Auf das Hörzeichen »Platz« hat sich der Hund sofort hinzulegen. Der HF darf den Arm

so lange richtungweisend hochhalten, bis sich der Hund gelegt hat. Auf Anweisung des Richters holt der HF seinen Hund ab, indem er sich an dessen rechte Seite begibt und das Hörzeichen »Sitz« gibt.

8. Ablegen des Hundes unter Ablenkung (10 Punkte) Hörzeichen »Platz«, »Sitz«

Vor Beginn der Unterordnungsleistungen eines anderen Hundes legt der HF seinen Hund in etwa vierzig Schritt Entfernung ab, und zwar ohne die Führleine oder sonst irgendeinen Gegenstand bei ihm zu belassen. In Sicht des Hundes bleibend, geht der HF etwa vierzig Schritt weg, ohne sich umzusehen, und bleibt mit dem Rücken zum Hund gewendet ruhig stehen. Der Hund hat so lange ohne jegliche Einwirkung des HF liegenzubleiben, bis der andere vorzuführende Hund die Übungen 1 bis 6 erfüllt hat. Nach der Übung 6 wird der abgelegte Hund abgeholt. Ablauf wie bei Übung 7.

Abteilung C   Schutzdienst
Höchstpunktzahl 100

Bewertung:
Stellen und
Verbellen: *3/2 =*   *5 Punkte*
Überfall: *35 Punkte*
Verfolgen und
Stellen (Mutprobe):   *60 Punkte*
                           100 Punkte

Anmerkung: Der Kampftrieb (einschließlich Mut und Härte des Hundes) ist in den Prädikaten »ausgeprägt«, »vorhanden« oder »nicht genügend« auszudrücken.

Der Helfer muß in einer Entfernung von vierzig Schritt so gestellt werden, daß dem Hund mindestens ein Seitenschlag nach rechts oder links möglich ist. Während sich der Helfer in das angegebene Versteck begibt, müssen HF und Hund in Deckung sein. Auf Anweisung des Richters läßt der HF seinen Hund auf die Hörzeichen »Voran« oder »Revier« und »Hier« nach dem Helfer stöbern. Das Hörzeichen »Hier« kann mit dem Rufnamen des Hundes ergänzt werden. Sobald der Hund den Helfer erreicht hat, hat er ihn, ohne zu fassen, zu verbellen. Der HF bleibt in etwa fünfundzwanzig Schritt Entfernung stehen. Wenn der Hund anhaltend verbellt hat – bei Nichtverbellen nach entsprechendem Zeitraum –, holt der HF auf Anweisung des Richters seinen Hund ab. HF und Hund verlassen den Platz und gehen in Deckung.

Der Helfer wird nun in ein neues, wenigstens fünfzig Schritt vom Ausgangspunkt des HF entferntes Versteck eingewiesen. Auf Anweisung des Richters geht der HF mit seinem angeleinten Hund etwa fünfundzwanzig Schritt in Richtung des Versteckes, leint aus der Bewegung seinen Hund ab und legt den Rest der Strecke zum Versteck mit frei bei Fuß folgendem Hund zurück. Die Leine ist nicht sichtbar zu tragen. Der HF wird von dem plötzlich aus seinem Versteck hervortretenden Helfer von vorn angegriffen. Ein Handgemenge zwischen HF und Helfer ist nicht gestattet. Der Hund muß sofort den Helfer angreifen und fest fassen. Hierbei erhält der Hund von dem Helfer mit einem biegsamen Stock zwei Schläge. Es sind zugelassen Schläge auf Keulen, Seitenteile und den Bereich des Widerristes. Die Ermunterung durch das Hörzeichen »So ist brav« ist erlaubt. Auf Anweisung des Richters stellt der Helfer den Angriff ein. Der Hund hat auf das Hörzeichen »Aus« abzulassen. Nachdem der Überfall gezeigt wurde, hält der HF den Hund am Halsband fest. Der Helfer läuft in gerader Richtung unter drohenden Bewegungen fort. Nach einer Entfernung von etwa fünfzig Schritt schickt der HF den Hund nach und bleibt stehen. Der Richter fordert den Helfer zur Kehrtwendung auf, wenn der Hund noch etwa dreißig Schritt von ihm entfernt ist. Unter heftig drohenden Bewegungen und Vertreibungslauten läuft der Helfer dem Hund entgegen, ohne ihn zu schlagen. Hat der Hund gefaßt, muß der Helfer die Gegenwehr einstellen. Darauf hat der Hund auf das Hörzeichen »Aus« abzulassen. Hat er abgelassen, bleibt der HF etwa noch eine halbe Minute still stehen, ohne auf den Hund einzuwirken. Auf Anweisung des Richters hat sich der HF dem Hund und Helfer in schneller Gangart zu nähern und die Entwaffnung vorzunehmen. Es erfolgt ein Seitentransport mit angelein-

tem Hund zum amtierenden Richter. Der HF geht mit seinem angeleinten Hund vom Platz.

Hat der Hund gefaßt, läßt aber trotz Hörzeichen »Aus« nicht ab, begibt sich der HF auf Anweisung des Richters in schneller Gangart zum Hund und holt ihn ab.

Den Kampftrieb des Hundes muß der Richter während des gesamten Schutzdienstes beobachten, um eine zutreffende Bewertung abgeben zu können. Das Drängen des Hundes zum Helfer und hartes Zufassen sind äußere Zeichen vorhandenen Kampftriebes. Weicht der Hund den Schlägen aus, so darf er den Kampf nicht aufgeben, sondern hat sofort wieder selbständig und schneidig anzugreifen. Läuft der Hund nach der Mutprobe zum HF zurück oder bleibt der Hund in der Nähe des Helfers, ohne ihn scharf zu beobachten (Herumschnüffeln, Herumlaufen etc.), so kann er im Kampftrieb nicht das Prädikat »ausgeprägt« erhalten. Dieses Prädikat dürfen nur besonders kampffreudige Hunde bekommen.

Die Prüfung gilt als bestanden, wenn von den in jeder Abteilung möglichen 100 Punkten bei Nasenarbeit und Unterordnung mindestens je 70, beim Schutzdienst mindestens 80 Punkte erreicht wurden.

Hat unser Hund nun die Schutzhund I-Prüfung bestanden und damit das Ausbildungskennzeichen erworben, können wir mit ihm weiterarbeiten zum Schutzhund II und III und Fährtenhund, immer vorausgesetzt, wir haben einen dafür geeigneten und gut veranlagten Hund.

Ein kleiner, ebenso aber auch ein sehr großer, schwerer Hund wird wohl kaum die Kletterwand bei der Schutzhund-II- und -III-Prüfung überwinden können. Hunden mit Ausbildungskennzeichen kann auf Antrag für das auf die Prüfung folgende Jahr eine Steuerermäßigung gewährt werden. Sie ist von Ort zu Ort verschieden.

Spezialausbildungen, z. B. zum Blinden-, Lawinen- oder Rettungshund sind nur an besonders dafür eingerichteten Schulen möglich. Die Behörden, die Diensthunde führen, wie Polizei, Bundesbahn, Bundeswehr, Zoll und Grenzschutz, haben eigene Ausbildungszentren für ihre Hunde.

Wann muß der Hund zum Tierarzt?

Verändertes Benehmen muß man in jedem Fall sorgfältig beobachten. Es kann darin bestehen, daß der Hund

1. träge wird und viel schlafen will (ältere Hunde haben immer ein größeres Schlafbedürfnis),
2. aufhört zu fressen oder Nahrung verweigert,
3. traurig wird und weniger lustig erscheint als normalerweise,
4. Durchfall oder Verstopfung bekommt,
5. ein stumpfes Fell bekommt,
6. sich erbricht oder speit.

Wenn er sich erbricht, so kann es sich entweder um sein letztes Futter handeln oder eine grün-gelbliche Flüssigkeit, die mit einzelnen Brocken, vor allem Knochenteilen, durchsetzt ist. Knochenteilchen erbricht der Hund, wenn er zu viele Knochen bekommt, sie nicht verdaut und deshalb auf mechanische Weise wieder aus dem Magen herausbringen muß. Oft frißt er zu diesem Zweck Gras, um dann zu erbrechen.

In allen oben aufgeführten Fällen mißt man die Temperatur des Hundes am besten im After, sofern man Anlaß zur Besorgnis sieht. Zum Messen genügt ein normales Fieberthermometer. Steigt die Temperatur beim erwachsenen Hund über 39 Grad, so ist das ein Zeichen für leichten Alarm. Bei Jungtieren könnte das allerdings, besonders bei heißem Wetter oder wenn sie gelaufen sind, noch normal sein. Bei zusätzlichen Symptomen wäre auch hier eine Temperatursteigerung über 39 Grad ernst.

Fühlt sich der Hund nicht wohl, so setzt man ihn am besten einen Tag lang auf Diät bei geschabtem Rohfleisch und etwas schwarzem Tee. Wenn er am nächsten Tag nicht in Ordnung ist, bringt man ihn sofort zum Tierarzt.

Register

NÜTZLICHE RATGEBER

Essen und Trinken

Meine feine Bürgerliche Küche
(4411-4) Von E. Falout, 160 S., 119 Farbfotos, Pappband. ●●●

Essen in Hessen
Spezialitäten zwischen Schwalm und Odenwald. (0837-X) Von R. Witt, 120 S., 10 s/w-Zeichnungen, Pappband. ●●

Kochen für 1 Person
Rationell wirtschaften, abwechslungsreich und schmackhaft zubereiten. (0586-5) Von M. Nicolin, 104 S., 8 Farbtafeln, 23 Zeichnungen, kart. ●

Schnell und individuell
Die raffinierte Single-Küche
(4266-3) Von F. Faist, 160 S., 151 Farbfotos, Pappband. ●●●

Für Kenner und Genießer **Lamm**
(1090-7) Von H. Imhof, 64 S., 50 Farbfotos, Pappband. ●

Frischer Fang aus Fluß und Meer **Fisch**
(0964-X) Von L. Grieser, 64 S., 69 Farbfotos, Pappband. ●

Edler Kern in harter Schale **Meeresfrüchte**
(0886-4) Von L. Grieser, 48 S., 52 Farbfotos, Pappband. ●

Gaumenfreuden Tag für Tag
Pfannengerichte
(1007-9) Von S. Fabke, 64 S., 54 Farbfotos, Pappband. ●

Von Tatar und falschen Hasen **Hackfleisch**
(0866-X) Von A. und G. Eckert, 64 S., 42 Farbfotos, Pappband. ●

Aus eigener Küche **Gute Wurst**
(0948-8) Von J. Bessel, G. Quaas, 80 S., 8 Farbtafeln, kart. ●

Aus lauter Lust und Liebe **Knoblauch**
(0867-8) Von L. Reinirkens, 64 S., 45 Farbfotos, Pappband. ●

Kochen und würzen mit **Knoblauch**
(0725-6) Von A. und G. Eckert, 96 S., 8 Farbtafeln, kart. ●

Kochen und würzen mit **Paprika**
(0792-2) Von A. und G. Eckert, 88 S., 8 Farbtafeln, kart. ●

Bintje, Irmgard und Sieglinde
Kartoffeln
(1032-X) Von S. Fabke, 64 S., 43 Farb- und 1 s/w-Foto, Pappband. ●

Nudelgerichte
– lecker, locker, leicht zu kochen. (0466-4) Von C. Stephan, 80 S., 8 Farbtafeln, kart. ●

Pasta in Höchstform **Nudeln**
(0884-8) Von M. Kirsch, 64 S., 62 Farbfotos, Pappband. ●

Kräftig klar und cremig zart **Feine Suppen**
(1031-1) Von H. Imhof, 64 S., 48 Farbfotos, Pappband. ●

Herzhaftes für Leib und Seele **Eintöpfe**
(0820-1) Von P. Klein, 48 S., 30 Farbfotos, Pappband. ●

Spezialitäten unter knuspriger Decke
Aufläufe
(0882-1) Von C. Adam, 48 S., 33 Farbfotos, Pappband. ●

In Hülle und Fülle **Pasteten und Terrinen**
(0883-X) Von M. Kirsch, 48 S., 62 Farbfotos, Pappband. ●

Die Krönung der feinen Küche **Saucen**
(0817-1) Von G. Cavestri, 48 S., 40 Farbfotos, Pappband. ●

Schlank und köstlich **Spargel**
(1005-2) Von M. Kirsch, 64 S., 44 Farbfotos, Pappband. ●

Von Aubergine bis Zucchini **Gemüse**
(1061-3) Von H. Cohrs, 64 S., 39 Farbfotos, Pappband. ●

Statt Breakfast und Lunch **Brunch**
(1033-8) Von C. Adam, 64 S., 49 Farbfotos, Pappband. ●

Kochen in höchster Vollendung
Aus vier Elementen ist alles zusammengefügt (Theophrast). (4291-4) Von M. Wissing, M. Kirsch, 160 S., 230 Farbfotos, Leinen geprägt mit Schutzumschlag, im Schuber, DM 98,–, S 784.–, Fr 94,10

Mit Lust und Liebe
Kochen mit den Meistern
(4445-3) 176 S., 132 Farbfotos, 50 Graffiti, Pappband. ●●●●

Zaubern mit der schnellen Welle
Die neue Mikrowellenküche
(4289-2) Von F. Faist, 208 S., 188 Farbfotos, Pappband. ●●●

Ganz und gar mit Mikrowellen
(4094-6) Von T. Peters, 208 S., 24 Farbfotos, 12 Zeichnungen, kart. ●●●

Schnell auf den Tisch gezaubert
Kochen mit Mikrowellen
(0818-X) Von A. Danner, 64 S., 52 Farbfotos, Pappband. ●

Das neue Mikrowellen-Kochbuch
(0434-6) Von H. Neu, 80 S., 4 Farbtafeln, 16 s/w Zeichnungen, kart. ●

Knusprig braten und backen im
Mikrowellen-Kombigerät
(0996-X) Von T. Peters, 128 S., 108 Farbfotos, kartoniert. ●●

Leicht und vitaminreich
Vegetarische Mikrowellenküche
(0995-X) Von F. Faist, 118 S., 103 Farbfotos, kartoniert. ●●

Schnell und individuell
Mikrowellenküche für Singles
(0997-6) Von A. Görgens, 118 S., 103 Farbfotos, kartoniert. ●●

Vom ersten Versuch zum Menü
Mikrowellenküche leicht gemacht
(0994-1) Von T. Peters, 112 S., 100 Farbfotos, kartoniert. ●●

Zart gedünstet, schonend gegart
Fischgerichte aus der Mikrowellenküche
(1092-3) Von A. Ilies, 96 S., 105 Farbfotos, kartoniert. ●●

Köstliches ganz schnell gezaubert
Aufläufe aus der Mikrowellenküche
(1093-1) Von K. Kruse-Schorling, 96 S., 100 Farbfotos, kartoniert. ●●

Natürlich Kochen im
Mikrowellen-Römertopf
(0947-X) Von F. Faist, 96 S., 8 Farbt., kart. ●

Köstliches aus dem Tontopf
(0442-7) Von A. u. G. Eckert, 80 S., 8 Farbtafeln, kart. ●

Das neue Fritieren
geruchlos, schmackhaft und gesund.
(0365-X) Von P. Kühne, 88 S., 8 Farbtafeln, kart. ●

Goldbraun und knusprig
Fritierte Leckerbissen
(0868-6) Von F. Faist, 64 S., 47 Farbfotos, Pappband. ●

Schnell und gut gekocht
Die tollsten Rezepte für den Schnellkochtopf.
(0265-3) Von J. Ley, 96 S., 8 Farbtafeln, kart. ●

Italienische Vorspeisen **Antipasti**
(1006-0) Von S. Reiter-Westphal, 64 S., 47 Farbfotos, Pappband. ●

Pizza, Pasta und die feine italienische
Küche
(4270-1) Von R. Rudatis, 120 S., 255 Farbfotos, Pappband. ●●

Schlemmerreise durch die
Italienische Küche
(4172-1) Von V. Pifferi. 160 S., 109 Farbfotos, Pappband. ●●

Schlemmen wie bei Mamma Maria
Pizzas
(0815-5) Von F. Faist, 64 S., 62 Farbfotos, Pappband. ●

Spaghetti, Tagliatelle + Co.
Pasta all'italiana
(1004-4) Von I. Seyric, 64 S., 57 Farbfotos, Pappband. ●

Pikantes und Süßes mit französischem
Charme **Bistro-Küche**
(4428-3) Von V. Müller, 160 S., 130 Farbfotos, Pappband. ●●●

Schlemmerreise durch die
Französische Küche
(4296-5) Von H. Imhof, 160 S., 147 Farbfotos, 3 s/w-Fotos, Pappband. ●●●

Schlemmerreise durch die
Chinesische Küche
(4184-5) Von K. H. Jen. 160 S., 117 Farbfotos, Pappband. ●●●

Verheißungsvoll fernöstlich
Spezialitäten aus dem Wok
(0933-X) Von H. K. Jen, 64 S., 56 Farbfotos, Pappband. ●

Mit Lust und Liebe **Chinesisch Kochen**
(4441-0) Von Ho Fu-Lung, Uli Franz, 176 S., 189 Farbfotos, 29 Zeichnungen, Pappband. ●●●●

Chinesisch kochen
mit dem Wok- und Mongolentopf.
(0557-1) Von C. Korn, 96 S., 8 Farbt., kart. ●

Die hier vorgestellten Bücher, Videokassetten und Software sind in folgende Preisgruppen unterteilt:

● Preisgruppe bis DM 10,–/S 79,–/SFr.10
●● Preisgruppe über DM 10,– bis DM 20,– S 80,– bis S 160,– SFr. 10,– bis SFr. 20,–
●●● Preisgruppe über DM 20,– bis DM 30,– S 161,– bis S 240,– S 80,– bis SFr. 29,–
●●●● Preisgruppe über DM 50,–/S 401,–/SFr.48,–
●●●● Preisgruppe über DM 30,– bis DM 50,– S 241,– bis S 400,– SFr. 29,– bis SFr. 48,– *(unverbindliche Preisempfehlung)

Die Preise entsprechen dem Status beim Druck dieses Verzeichnisses (s. Seite 1) – Änderungen, im besonderen der Preise, vorbehalten –

Falken-Verlag GmbH · Postfach 1120   **D-6272 Niedernhausen/Ts. · Tel.: 0 61 27 / 7 0 20**

Mehr Freude und Erfolg beim **Grillen**
(4141-1) Von A. Berliner, 160 S., 147 Farbfotos, 10 farbige Zeichnungen, Pappband. ●●●

Köstliches von Rost und Spieß **Grillen**
(0931-3) Von A. Kalcher-Dähn, H. K. Kalcher, 64 S., 43 Farbfotos, Pappband. ●

Bocuse à la carte
Französisch kochen mit dem Meister.
(4237-X) Von P. Bocuse, 88 S., 218 Farbfotos, Pappband. ●

Französische Küche
(0685-2) Von M. Gutta, 96 S., 16 Farbt., kart. ●

Fondues · Raclettes · Flambiertes
(4081-4) Von R. Peiler und M.-L. Schult, 136 S., 15 Farbtafeln, 28 Zeichnungen, kart. ●●

Fondues
und fritierte Leckerbissen. (0471-0) Von S. Stein, 96 S., 8 Farbtafeln, kart. ●

Rezepte rund um Raclette und Doppeldecker
(0420-6) Von J. W. Hochscheid, 72 S., 8 Farbtafeln, kart. ●

Schlemmen in geselliger Runde
Fleischfondues
(0966-6) Von M. Spötter, 64 S., 62 Farbfotos, Pappband. ●

Fondues und Raclettes
(4253-1) Von F. Faist, 160 S., 125 Farbfotos, Pappband. ●●●

Neue, raffinierte Rezepte mit dem **Raclette-Grill**
(0558-X) Von L. Helger, 72 S., 8 Farbt., kart. ●

Schmelzendes Käsevergnügen **Raclette**
(0881-3) Von F. Faist, 48 S., 33 Farbfotos, Pappband. ●

Kulinarischer Feuerzauber **Flambieren**
(4294-7) Von R. Wesseler, 120 S., 100 Farbfotos, Pappband. ●●●

Das köstliche knackige Schlemmervergnügen **Salate**
(4165-9) Von V. Müller, 160 S., 80 Farbfotos, Pappband. ●●●

Köstliche Salate zum Verwöhnen
(0222-X) Von C. Schönherr, 96 S., 8 Farbtafeln, 30 Zeichnungen, kart. ●

Frisch und leicht als Hauptgericht
Schlemmersalate
(0934-8) Von C. Adam, 64 S., 49 Farbfotos, Pappband. ●

Köstlich frisch auf den Tisch
Rohkostsalate
(0865-1) Von C. Adam, 48 S., 26 Farbfotos, Pappband. ●

Raffiniert und gesund würzen
Kräuterküche
(0869-4) Von A. Görgens, 48 S.,43 Farbfotos, Pappband. ●

Miekes Kräuter- und Gewürzkochbuch
(0323-4) Von I. Persy, K. Mieke, 88 S., 4 Farbtafeln, kartoniert. ●

Joghurt, Quark, Käse und Butter
Schmackhaftes aus Milch hausgemacht.
(0739-6) Von M. Bustorf-Hirsch, 32 S., 59 Farbabb., Pappband. ●

Gesund und vielseitig **Alles mit Joghurt**
täglich selbstgemacht, mit vielen Rezepten.
(0382-6) Von G. Volz, 64 S., 8 Farbt., kart. ●

Locker, flockig, leicht …
Müsli & Co
(0965-8) Von C. Adam, 64 S., 42 Farbfotos, Pappband. ●

Bärenstark und kerngesund
Vollwertkost für Kinder
(0968-2) Von S. Reiter, 64 S., 44 Farbfotos, Pappband. ●

Gesunde Ernährung für mein Kind
(0776-6) Von M. Bustorf-Hirsch, 112 S., 8 Farbtafeln, 5 s/w-Zeichnungen, kart. ●

Das Getreidemühlenkochbuch
(1017-6) Von M. Bustorf-Hirsch, 112 S., 8 Farbtafeln, kartoniert. ●

Meine Vollkornküche
Herzhaftes von echtem Schrot und Korn
(0858-9) Von S. Walz, 96 S., 8 Farbt., kart. ●

Die abwechslungsreiche Vollwertküche
Vitaminreich und naturbelassen kochen und backen. (4229-9) Von M. Bustorf-Hirsch, K. Siegel, 280 S., 31 Farbtafeln, 78 Zeichnungen, Pappband. ●●●●

Die verlockende Alternative
Süße Vollwertküche
(0936-4) Von A. Roßmeier, 64 S., 50 Farbfotos, Pappband. ●

Die gesunde Art, sich zu verwöhnen
Vollwertküche für Singles
(0937-2) Von A. Görgens, 64 S., 43 Farbfotos, Pappband. ●

Dinkel, Hirse, Roggenkorn …:
Kerniges aus der Getreideküche
(0932-1) Von S. Frank, 64 S., 49 Farbfotos, Pappband. ●

Die feine Vollwertküche
(4286-8) Von M. Bustorf-Hirsch, 160 S., 83 Farbfotos, Pappband. ●●●

Mit Lust und Liebe …
Vollwertküche für Genießer
(4412-4) Von Prof. Dr. C. Leitzmann, H. Million, 256 S., 329 Farbfotos, Pappband. ●●●●

Naturküche à la carte
(4406-2) Von M. Wissing, M. Kirsch, 160 S., 179 Farbfotos, Pappband. ●●●

Biologische Ernährung
für eine natürliche und gesunde Lebensweise. (4125-X) Von G. Leibold, 136 S., 15 Farbtafeln, 47 Zeichnungen, kart. ●●

Die feine Vegetarische Küche
(4235-3) Von F. Faist, 160 S., 191 Farbfotos, Pappband. ●●●

Schmackhafte Vollwertkost ohne tierisches Eiweiß
(0993-3) Von M. Bustorf-Hirsch, 96 S., 54 Farbfotos, kartoniert. ●●

Cholesterinarm kochen und genießen
(4442-0) Von R. Unsorg, 168 S., 132 Farbfotos, kartoniert. ●●

Die aktuelle **Cholesterintabelle**
(1088-5) Von Dr. H. Oberritter, 84 S., 12 zweifarbige Grafiken, kartoniert. ●

Würzig kochen ohne Salz
(0922-4) Von S. Roediger-Streubel, 160 S., 16 Farbtafeln, kart. ●●

Alternativ essen
Die gesunde Sojaküche.
(0553-9) Von U. Kolster, 112 S., 8 Farbt., kart. ●

Kochen mit Tofu
Die gesunde Alternative.
(0894-1) Von U. Kolster, 80 S., 8 Farbtafeln, kart. ●

Gesund kochen mit Keimen und Sprossen
(0794-0) Von M. Bustorf-Hirsch, 96 S., 4 Farbtafeln, 13 s/w-Zeichnungen, kart. ●

Keime und Sprossen in der Naturküche
(4299-X) Von M. Bustorf-Hirsch, 144 Farbfotos, Pappband. ●●

Backen mit Lust und Liebe
(4284-1) Von M. Schumacher, R. Krake, 242 S., 348 Farbfotos, 18 farb. Vignetten, 3 vierseitige Ausklapptafeln, Pappband. ●●●●

Tortenträume und Kuchenfantasien
Gebackene Köstlichkeiten originell dekoriert und verziert.
(0823-6) Von F. Faist, 80 S., 150 Farbfotos, kart. ●●

Waffeln
Hörnchen, Pfannkuchen und Crêpes.
(0522-9) Von C. Stephan, 64 S., 8 Farbtafeln, kart. ●

Mehr Freude und Erfolg beim
Brotbacken
(4148-9) Von A. und G. Eckert, 160 S., 177 Farbfotos, Pappband. ●●●

Selbst Brotbacken
Über 50 erprobte Rezepte.
(0370-6) Von A. und G. Eckert, 80 S., 4 Zeichnungen, 4 Farbtafeln, kart. ●

Meine Vollkornbackstube
Brot · Kuchen · Aufläufe. (0616-0) Von R. Raffelt, 96 S., 4 Farbtafeln, 12 Zeichnungen, kart. ●

Mit Körnern, Zimt und Mandelkern
Vollkorngebäck
(0816-3) Von M. Bustorf-Hirsch, 48 S., 39 Farbfotos, Pappband. ●

Knusprig, kernig, urgesund **Vollkornbrot**
(0938-0) Von S. Reiter, 64 S., 46 Farbfotos, Pappband. ●

Weihnachtsbäckerei
Köstliche Plätzchen, Stollen, Honigkuchen und Festtagstorten.
(0682-0) Von M. Sauerborn, 32 S., 34 Farbfotos, Pappband. ●

Meine Weihnachtsbackstube
(5163-8) Von M. Sauerborn, 32 S., 23 Farbfotos, mit Vorlagebogen in Originalgröße, kart. ●

Süße Verführungen **Desserts**
(0885-6) Von M. Bacher, 64 S., 75 Farbfotos, Pappband. ●

Süße Geheimnisse eiskalt gelüftet
Eis und Sorbets
(0870-0) Von H. W. Liebheit, 48 S., 38 Farbfotos, Pappband. ●

Raffiniertes mit
Eis
Drinks/Desserts/Eissorten
(1029-X) Von. F. Hoffmann, 64 S., 74 Farbfotos, Pappband. ●

Zart schmelzende Versuchungen
Schokolade
(0819-8) Von J. Schroer, 48 S., 53 Farbfotos, Pappband. ●

Mitbringsel aus meiner Küche
selbst gemacht und liebevoll verpackt.
(0668-3) Von C. Schönherr, 32 S., 30 Farbfotos, Pappband. ●

Marmeladen, Gelees und Konfitüren
Köstlich wie zu Omas Zeiten – einfach selbstgemacht. (0720-5) Von M. Gutta, 32 S., 23 Farbfotos, 1 Zeichnung, Pappband. ●

Einkochen, Einlegen, Einfrieren
(4055-5) Von B. Müller, 152 S., 27 s/w-Abb., 16 Farbtafeln, kart. ●●

Haltbarmachen in der Öko-Küche
Gesunde Konservierungsmethoden für Obst, Gemüse, Kräuter und Pilze. (0923-2) Von M. Bustorf-Hirsch, 120 S., 92 Farbabb., kart. ●●

Komm, koch und back mit mir
Kunterbuntes Kochvergnügen für Kinder.
(4285-X) Von S. und H. Theilig, illustriert von B. v. Hayek, 112 S., 45 Farbabb., Pappband. ●●

Kinder lernen spielend backen
(5110-7) Von M. Gutta, 64 S., 50 Farbfotos, Pappband. ● ●

2

Kinder lernen spielend kochen
Lieblingsgerichte mit viel Spaß selbst zubereitet
(5096-8) Von M. Gutta, 64 S., 45 Farbfotos,
Pappband. ●●

Mit Lust und Liebe Kalte Platten & Buffets
anrichten und Garnieren
(4427-5) Von P. Grotz, 176 S., 228 Farbfotos,
Pappband. ●●●●

Garnieren und Verzieren
(4236-1) Von R. Biller, 160 S., 329 Farbfotos,
57 Zeichnungen, Pappband. ●●●

Köstlichkeiten für Gäste und Feste
Kalte Platten
(4200-0) Von I. Pfliegner, 16C S., 130 Farbfotos, Pappband. ●●●

Wenn Gäste kommen…
Kalte Küche
(4060-5) Von A. Ilies, 64 S., 49 Farbfotos,
Pappband. ●

Fein und raffiniert
Canapés und kleine Köstlichkeiten
(0963-1) Von H. Imhof, 64 S., 53 Farbfotos,
Pappband. ●

Festlich kochen und backen
für Advent und Weihnachten
(4443-7) Von A. Guter, 96 S., 66 Farbfotos,
1 s/w-Foto, Pappband. ●●

Der perfekt gedeckte Tisch
(4028-1) Von H. Tapper, 80 S., 161 Farbfotos,
13 Zeichnungen, kartoniert. ●●

Der schön gedeckte Tisch
vom einfachen Gedeck bis zur Festtafel
stimmungsvoll und perfekt arrangiert.
(4246-1) Von H. Tapper, 112 S., 206 Farbfotos, 21 s/w-Abbildungen, Pappband. ●●●

Servietten falten
40 Ideen für schön gedeckte Tische
(4042-7) Von M. Müller, O. Mikolasek, 80 S.,
189 Farbfotos, 50 Zeichnungen, kartoniert.
●●

Phantasievolle Tischdekorationen selber machen
(0984-4) Von Y. Thalheim, H. Nadolny, 80 S.,
74 Farbfotos, 21 Zeichnungen, kart. ●●

Tischkarten dekorativ gestalten
aus allerlei Material für viele Anlässe
(0946-2) Von H. York, 32 S., 108 Farbfotos,
Pappband. ●

Servietten dekorativ falten
Geschmackvolle Anregungen aus Stoff und
Papier. (0804-X) Von H. Tapper, 32 S.,
34 Farbfotos, Pappband. ●

Tee für Genießer
Sorten · Riten · Rezepte. (0356-0) Von M.
Nicolin, 64 S., 4 Farbtafeln, kart. ●

Weinlexikon
Wissenswertes über die Weine der Welt.
(4149-7) Von U. Keller, 228 S., 6 Farbtafeln,
395 s/w-Fotos, Pappband. ●●

Weine und Säfte, Liköre und Sekt
selbstgemacht. (0702-7) Von P. Arauner,
232 S., 76 Abb., kart. ●●

Fruchtig, spritzig, eisgekühlt
Mixen ohne Alkohol
(0935-6) Von S. Späth, 64 S., 44 Farbfotos,
Pappband. ●

Cocktails
(4267-1) Von W. R. Hoffmann, W. Hubert,
J. Lottring, 164 S., 164 Farbfotos, 1 s/w-Foto,
Pappband. ●●●

Cocktails und Mixereien
für häusliche Feste und Feiern. (0075-8) Von
W. Walker, 96 S., 4 Farbtafeln, kart. ●

Neue Cocktails und Drinks
mit und ohne Alkohol. (0517-2) Von S.
Späth, 128 S., 4 Farbtafeln, kart. ●

Die besten Punsche, Grogs und Bowlen
(0575-X) Von F. Dingdon, 64 S., 4 Farbt.,
kart. ●

SLIM
Der neue, individuelle Schlankheitsplan
(4277-9) Von Prof. Dr. E. Menden, W. Aign
120 S., 440 Farbfotos, Pappband. ●●●

Schlank werden nach Dr. Hay **Trennkost**
Die bewährten Vollwert-Rezepte von Ursula
Summ. (4298-1) Von U. Summ, 96 S.,
54 Farbfotos, 1 Zeichnung, kart. ●●

Eßlust statt Diätfrust
Die Pfundskur
(1102-4) Von Prof. Dr. V. Pudel, 144 S., 8
s/w-Zeichnungen, 4 Vignetten, kartoniert. ●

Vitamine und Ballaststoffe
So ermittle ich meinen täglichen Bedarf
(0746-9) Von Prof. Dr. M. Wagner, I. Bongartz, 96 S., 6 Farbfotos, zahlreiche farb.
Tabellen, kart. ●

Kalorien – Joule
Eiweiß · Fett · Kohlenhydrate tabellarisch
nach gebräuchlichen Mengen. (0374-9) Von
M. Bormio, 88 S., kart. ●

Hobby und Freizeit

Falken-Handbuch
Zeichnen und Malen
(4167-5) Von B. Bagnall, 336 S., 1154 Farbabb., Pappband. ●●●●

Das große farbige PLAKA-Buch
Malen und Basteln
(4402-X) Von H.-J. Giesecke, 192 S., 224
Farbfotos, 20 Farb- und 4 s/w-Zeichnungen,
Pappband. ●●●

Einmal grad und einmal krumm
Zeichenstunden für Kinder. (0599-7) Von
H. Witzig, 144 S., 363 Abb. kart. ●

Punkt, Punkt, Komma, Strich
Zeichenstunden für Kinder
(0564-4) Von H. Witzig, 144 S., über
250 Zeichnungen, kart. ●

Figürliches Zeichnen
leicht gemacht
(1010-9) Von H. Witzig, 112 S., 462 Figuren,
kartoniert. ●

Spielend zeichnen lernen mit den Montagsmalern
(0974-7) Von G. Lages, Sigi-Harreis, 112 S.,
326 s/w-Zeichnungen, kartoniert. ●

Kalligraphie
Die Kunst der schönen Schreibens
(4263-9) Von C. Hartmann, 120 S., 44 Farbvorlagen, 29 s/w-Vorlagen, 2 s/w-Zeichnungen, 38 Farbfotos, Pappband. ●●●●

Gestalten mit Schrift
Kalligraphie
(1044-3) Von I. Schade, 80 S., 2 Farb- und
1 s/w Foto, 143 Farbzeichnungen, kartoniert.

Aquarellmalerei
als Kunst und Hobby (4147-0) Von H. Haack,
B. Merveille, 136 S., 62 Farbfotos, 119 Zeichnungen, Pappband. ●●●●

Aquarellmalerei leicht gelernt
Materialien · Techniken · Motive.
(0787-6) Von T. Hinz, R. Braun, B. Zeidler,
32 S., 38 Farbfotos, 1 Zeichn., Pappband. ●

Hobby Aquarellmalen
Landschaft und Stilleben. (0876-5) Von I.
Schade, A. Brück, 80 S., 111 Farbfotos,
kart. ●●

Hobby Ölmalerei
Landschaft und Stilleben. (0875-9) Von H.
Kämper, I. Becker, 86 S., 93 Farbabb., kart.
●●

Hobby Bauernmalerei
(0436-2) Von S. Ramos und J. Roszak, 80 S.,
116 Farbf. und 28 Motivvorlagen, kart. ●●

Bauernmalerei
Kreatives Hobby nach alter Volkskunst
(5039-9) Von S. Ramos, 64 S., 85 Farbfotos,
Pappband. ●●

Seidenmalerei in Vollendung
(4414-3) Hrsg. von R. Smend, 160 S., 227
Farbfotos, 36 s/w-Fotos, geprägter Leineneinband mit Schutzumschlag, im Schuber,
DM 98,–, S 784,–, Fr 90,20

Seidenmalerei als Kunst und Hobby
(4264-7) Von S. Hahn, 136 S., Farbabb.,
1 s/w-Foto, Pappband. ●●●●

Hobby Seidenmalerei
(0611-X) Von R. Henge, 88 S., 106 Farbfotos,
28 Zeichnungen, kart. ●●

Neue zauberhafte Seidenmalerei
Motive und Anregungen aus der Natur.
(0924-0) Von R. Henge, 80 S., 148 Farbfotos,
27 s/w-Zeichnungen, kart. ●●

Kunstvolle Seidenmalerei
Mit zauberhaften Ideen zum Nachgestalten
(0783-3) Von I. Demharter, 32 S., 56 Farbfotos, Pappband. ●

Zauberhafte Seidenmalerei
Materialien · Techniken · Gestaltungsvorschläge. (0664-0) Von E. Dorn, 32 S., 62
Farbfotos, Pappband. ●

Aquarellieren auf Seide
Materialien · Techniken · Motive
(0917-8) Von I. Demharter, 32 S., 41 Farbfotos, Pappband. ●

Seidenmalerei Landschaften
(5153-0) Von D. Kosik, 32 S., 50 Farbfotos,
12 Zeichnungen, mit Vorlagebogen in Originalgröße, kart. ●

Seidenmalerei Kissen
(5151-4) Von I. Demharter, 32 S., 42 Farbfotos, 2 Zeichnungen, mit Vorlagebogen in
Originalgröße, kart. ●

Seidenmalerei Blusen und T-Shirts
(5184-0) Von A. Keller, 32 S., 28 Farbfotos,
12 Zeichnungen, mit Vorlagebogen in Originalgröße, kartoniert. ●

Seidenmalerei Tücher und Schals
(5152-2) Von R. Henge, 32 S., 36 Farbfotos,
1 Zeichnung, mit Vorlagebogen in Originalgröße, kart. ●

Seidenmalerei Taschen und Gürtel
(5194-8) Von S. Tichy-Gibley, 32 S., 30 Farbfotos, 8 Farbzeichnungen, mit Vorlagebogen
in Originalgröße, kartoniert. ●

Seidenmalerei Lampenschirme
(5154-9) Von I. Walter-Ammon, 32 S., 47
Farbfotos, 1 Zeichnung, mit Vorlagebogen in
Originalgröße, kart. ●

Seidenmalerei Blüten, Blätter, Ranken
(5165-4) Von D. Kosik, 32 S., 35 Farbfotos,
4 Zeichnungen, mit Vorlagebogen in Originalgröße, kart. ●

Seidenmalerei Schmuckkarten und Miniaturbilder
(5166-2) Von I. Walter-Ammon, 32 S., 37
Farbfotos, 2 Zeichnungen, mit Vorlagebogen
in Originalgröße, kart. ●

Seidenmalerei Bilder in Konturentechnik
(5182-4) Von I. Demharter, 32 S., 28 Farbfotos, 2 Zeichnungen, mit Vorlagebogen in
Originalgröße, kartoniert. ●

Falken-Handbuch **Häkeln**
ABC der Häkeltechniken und Häkelmuster in
ausführlichen Schritt-für-Schritt-Bildfolgen.
(4194-2) Von H. Fuchs, M. Natter, 288 S.,
1073 Farbabb., Pappband. ●●●●

Das moderne Standardwerk von der
Expertin
Perfekt Stricken
Mit Sonderteil Häkeln. (4250-2) Von H.
Jaacks, 256 S., 703 Farbfotos, 169 Farb- und
121 s/w-Zeichnungen, Pappband. ●●●

Falken-Handbuch Stricken
ABC der Stricktechniken und Strickmuster in ausführlichen Schritt-für-Schritt-Bildfolgen. **(4137**-3) Von M. Natter, 312 S., 106 Farb- und 922 s/w-Fotos, 318 Zeichnungen, Pappband. ●●●●

Hobby Patchwork und Quilten
(0768-X) Von B. Staub-Wachsmuth, 80 S., 108 Farbab., 43 Zeichnungen, kart. ●●

Hobby Applikationen
Materialien · Techniken · Modelle **(0899**-6) Von H. Probst-Reinhardt, 80 S., 92 Farbfotos, 31 Zeichnungen, kart. ●●

Hobby Spitzencollagen
Bezaubernde Motive aus edlem Material **(0847**-3) Von H. Westphal, 80 S., 186 Farbfotos, kart. ●●

Falken-Handbuch Nähen
Abc der Nähtechniken und kreative Modellschneiderei in ausführliche Schritt-für-Schritt-Bildfolgen. **(4272**-8) Von A. Bree, 320 S., 1142 Abbildungen, Schnittmusterbogen für alle Modelle, Pappband. ●●●●

Marionetten
selbst bauen und führen **(1043**-5) Von D. Köhnen, 80 S., 162 Farbfotos, mit Vorlagebogen, kartoniert. ●●

Zauberhafte alte Puppen
Sammeln · Restaurieren · Nachbilden **(4255**-8) Von C.A. Stanton, J. Jacobs, 120 S., 157 Farbfotos, 24 Zeichnungen, Pappband. ●●●●

Selbstgestrickte Puppen
Materialien und Arbeitsanleitungen **(0638**-1) Von B. Wehrle, 32 S., 21 Farbfotos, 24 Zeichnungen, Pappband. ●

Puppen zum Liebhaben
(5199-9) Von B. Wehrle, 32 S., 27 Farbfotos, 9 s/w-Zeichnungen, mit Vorlagebogen in Originalgröße, kartoniert. ●

Kuscheltiere stricken und häkeln
Arbeitsanleitungen und Modelle. **(0734**-5) Von B. Wehrle, 32 S., 60 Farbfotos, 28 Zeichnungen, Pappband. ●

Phantasiepuppen stricken und häkeln
Märchenhafte Modelle mit Arbeitsanleitungen. **(0813**-9) Von B. Wehrle, 32 S., 26 Farbfotos, 46 Zeichnungen, Pappband. ●

Teddybären
Sechs beliebte Modelle **(5159**-X) Von Y. Thalheim, H. Nadolny, 32 S., 46 Farbfotos, 9 Zeichnungen, mit Vorlagebogen in Originalgröße, kart. ●

Heißgeliebte Teddybären
Selbermachen · Sammeln · Restaurieren. **(0900**-3) Von H. Nadolny, Y. Thalheim, 80 S., 119 Farbfotos, 23 s/w-Zeichnungen, 14 S. Schnittmusterbogen, kart. ●●

Hobby Salzteig
(0662-4) Von I. Kiskalt, 80 S., 150 Farbfotos, 5 Zeichnungen, Schablonen, kart. ●●

Neue zauberhafte Salzteig-Ideen
(0719-1) Von I. Kiskalt, 80 S., 324 Farbfotos, 12 Zeichnungen, Schablonen, kart. ●●

Kreatives Gestalten mit Salzteig
Originelle Motive für Fortgeschrittene **(0769**-8) Hrsg. I. Kiskalt, 80 S., 168 Farbfotos, kart. ●●

Originell und dekorativ
Salzteig mit Naturmaterialien
(0833-3) Von A. und H. Wegener, 80 S., 166 Farbfotos, kart. ●●

Salzteig kinderleicht
(0973-9) Von I. Kiskalt, 80 S., 224 Farbfotos, 8 Zeichnungen, kart. ●●

Töpfern
als Kunst und Hobby. **(4073**-3) Von J. Fricke, 132 S., 37 Farbfotos, 222 s/w-Fotos, Pappband. ●●●●

Kreatives Gestalten mit Ton
Töpfern ohne Scheibe – Aufbaukeramik
(0896-1) Von A. Riedinger, 80 S., 207 Farbfotos, 16 Zeichnungen, 7 Vignetten, kart. ●●

Kreatives Gestalten mit Ton
Töpfern auf der Scheibe
(0971-2) Von A. Riedlinger, 80 S., 28 Farb- und 3 s/w-Zeichng., 178 Farbfotos, kartoniert. ●●

Edles Porzellan
(4437-2) Von M. Lutze, Prof. E. Lessing, 160 S., 175 Farbfotos, Leineneinband, mit Schutzumschlag, im Schuber. ●●●●●

Hobby Glaskunst in Tiffany-Technik
(0781-7) Von N. Köppel, 80 S., 194 Farbfotos, 6 s/w-Abb., kart. ●●

Tiffany-Lampen selbermachen
Arbeitsanleitung · Materialien · Modelle **(0684**-5) Von I. Spliethoff, 32 S., 60 Farbfotos, 19 Zeichnungen, Pappband. ●

Fensterbilder in Tiffany-Technik
(5168-9) Von P. Matz, 32 S., 43 Farbfotos, mit Vorlagebogen in Originalgröße, kart. ●

Tiffany-Schmuck selbermachen
Materialien · Arbeitsanleitungen · Modelle **(0871**-6) Von B. Poludniak, H. G. Scheib, 32 S., 55 Farbfotos, Pappband. ●

Tiffany-Technik
und andere kunstvolle Arbeiten in Glas **(0972**-0) Von. D. Köhnen, 80 S., 176 Farbfotos, 5 s/w-Abbildungen, kart. ●●

Tiffany-Gürtelschnallen
(5160-3) Von G.G. Scheib, R. Grella, 32 S., 52 Farbfotos, 1 Zeichnung, mit Vorlagebogen in Originalgröße, kart. ●

Schmuck, Accessoires und Dekoratives
aus Fimo modelliert. **(0873**-2) Von A. Aurich, 32 S., 54 Farbfotos, Pappband. ●

Modeschmuck mit Federn und Straß
(5167-0) Von J. Niemeier, 32 S., 41 Farbfotos, mit Vorlagebogen in Originalgröße, kart. ●

Modeschmuck selbst modellieren
(5196-4) Von K. Eichler, 32 S., 51 Farbfotos, mit Vorlagebogen in Originalgröße, kartoniert. ●

Modeschmuck in vielen Variationen
(5180-8) Von A. Hahn, 32 S., 39 Farbfotos, 3 Zeichnungen, mit Vorlagebogen in Originalgröße, kartoniert. ●

Exklusiver Modeschmuck
aus dem eigenen Atelier
(0925-9) Von J. Niemeier, J. Klein, 80 S., 141 Farbfotos, 25 Zeichnungen, kart. ●●

Masken
phantasievoll dekorieren
(5155-7) Von Chr. Familler, 32 S., 48 Farbfotos, mit Vorlagebogen in Originalgröße, kart. ●

Bastelspaß mit der Laubsäge
Mit Schnittmusterbogen für viele Modelle in Originalgröße. **(0741**-8) Von I. Giesche, M. Bausch, 32 S., 61 Farbfotos, 7 Zeichnungen, Schnittmusterbogen, Pappband. ●

Strohschmuck selbstgebastelt
Sterne, Figuren und andere Dekorationen **(0740**-X) Von E. Rombach, 32 S., 60 Farbfotos, 17 Zeichnungen, Pappband. ●

Hobby Drachen
bauen und steigen lassen. **(0767**-1) Von W. Schimmelpfennig, 80 S., 1 dreiseitige Ausklapptafel, 55 Farbfotos, 139 Zeichnungen kart. ●●

Lenkdrachen
bauen und fliegen
(1011-7) Von W. Schimmelpfennig, 64 S., 51 Farbfotos und 126 Zeichnungen, kartoniert. ●●

Drachen
Einfache Modelle für Kinder
(5156-5) Von W. Schimmelpfennig, 32 S., 11 Farbfotos, 31 Zeichnungen, mit Vorlagebogen in Originalgröße, kart. ●

Das große farbige
Bastelbuch für Kinder
(4254-X) Von U. Barff, I. Burkhardt, J. Maier 224 S., 157 Farbfotos, 430 Farb- und 60 s/w-Zeichnungen, mit Schnittmusterbogen, Pappband. ●●●

Hobby Origami
Papierfalten für groß und klein
(0756-6) Von Z. Aytüre-Scheele, 80 S., 820 Farbfotos, kart. ●●

Neue zauberhafte Origami-Ideen
Papierfalten für groß und klein
(0805-8) Von Z. Aytüre-Scheele, 80 S., 720 Farbfotos, kart. ●●

Zauberwelt Origami
Tierfiguren aus Papier
(1045-1) Von Z. Aytüre-Scheele, 80 S., 660 Farbfotos, kartoniert. ●●

Origami –
Die schönsten Papierfaltens. **(0280**-7) Von R Harbin, 112 S., 633 Zeichnungen, 9 Fotos, kart. ●

Heut basteln wir mit Pappe und Papier
(4413-5) Von U. Barff, J. Maier, 224 S., 117 Farbfotos, 480 Farbzeichnungen, 25 s/w-Abbildungen, mit Schnittmusterbogen, Pappband. ●●●

Das große farbige Bastel- und Werkbuch
(4439-9) Von D. Rex, 256 S., 999 Farbfotos 33 Farbzeichnungen, Pappband. ●●●●

Schritt für Schritt zum Scherenschnitt
Materialien · Techniken · Gestaltungsvorschläge. **(0732**-9) Von H. Klingmüller, 32 S. 38 Farbfotos, 34 Vorlagen, Pappband. ●

Fensterbilder in Scherenschnitt
(5169-7) Von A. Hahn, 32 S., 52 Farbfotos, 3 s/w-Fotos, mit Vorlagebogen in Originalgröße, kart. ●

Fensterbilder aus Papier
(5158-1) Von E. Rüscher, 32 S., 39 Farbfotos 5 Zeichnungen, mit Vorlagebogen in Originalgröße, kart. ●

Fensterbilder
Meine Lieblingstiere
(5197-2) Von Y. Thalheim, H. Nadolny, 32 S 38 Farbfotos, mit Vorlagebogen in Originalgröße, kartoniert. ●

Die schönsten Fensterbilder
(1066-4) Von C. Kimmerle, 64 S., 100 Farbfotos, kartoniert. ●●

Perfekte Fensterbilder
(4470-4) Von S. Haenitsch-Weiß, A. Weiß, 8 vierfarbige Bogen 280-g-Karton mit Stanzung + 16 S. zweifarbige Ein/Anleitung. ●●

Märchenhafte Fensterbilder
(5185-9) Von J. Maier, 32 S., 37 Farbfotos, mit Vorlagebogen in Originalgröße, kartoniert. ●

Fensterbilder Blumen und Tiere
(5186-7) Von M. Twachtmann, 32 S., 41 Farbfotos, 3 Zeichnungen, mit Vorlagebogen in Originalgröße, kartoniert. ●

Papierflieger
(5157-3) Von T. Gött, 32 S., 73 Farbfotos, 19 Zeichnungen, mit Vorlagebogen in Originalgröße, kart. ●

Mobiles aus Papier
(5183-2) Von J. Maier, 32 S., 17 Farbfots, 35 Farbzeichnungen, mit Vorlagebogen in Originalgröße, kartoniert. ●

Schachteln basteln und dekorieren
(5170-0) Von Chr. Adjano, 32 S., 55 Farbfotos, mit Vorlagebogen in Originalgröße, kart. ●

»ie große Schachtelparade
(1438-0) Von Present Team, 16 vierfarbige
ogen 250-g-Karton mit Schachtelstanzung
mit 4 S. Einleitung. ●●●

»eco Art
»ie Kunst, Geschenke zu verpacken
(0949-6) Von B. Niermann, 80 S., 78 Farb-
Jtos, 191 Zeichnungen, kart. ●●

Geschenkeverpacken für Kinderfeste
5195-6) Von C. Netolitzky, 32 S., 43 Farb-
5tos, mit Vorlagebogen in Originalgröße,
artoniert. ●

Bunte Dekorationen für den
Kindergeburtstag
Mit Spielanleitung zum Fest der Tiere
(4471-2) Von S. Haenitsch-Weiß, A. Weiß,
, vierfarbige Bogen 280-g-Karton mit Stan-
ung + 16 S., zweifarbige Ein'Anleitung. ●●

)riginelles Ambiente für Gäste
estdekorationen
(049-4) Von B. Niermann, 80 S., 125 Farbfo-
5s, 59 Farbzeichng., kartoniert. ●●

)ekorieren und Arrangieren mit
;eidenblumen
5200-6) Von M. L. Spang, 32 S., 37 Farbfo-
0s, 14 Farbzeichnungen, mit Vorlagebogen
1 Originalgröße, kartoniert. ●

Tischkarten dekorativ gestalten
us allerlei Material für viele Anlässe
0946-1) Von H. York, 32 S., 108 Farbfotos,
'appband. ●

;lückwunschkarten
5179-4) Von A. Kolb, B. Michel, 32 S., 54
arbfotos, mit Vorlagebogen in Original-
röße, kartoniert. ●

»ltes Brauchtum neu entdeckt
;chmuck-Eier
unstvoll gestalten und verzieren. (0919-4)
'on I. Kiskalt, 32 S., 45 Farbfotos, 3
/w-Zeichnungen, Pappband. ●

)ekorationen für Ostern
5198-0) Von Y. Thalheim, H. Nadolny, 32 S.,
+8 Farbfotos, mit Vorlagebogen in Original-
röße, kartoniert. ●

Basteln für Ostern
5164-6) Von Chr. Adjano, 32 S., 47 Farbfo-
0s, mit Vorlagebogen in Originalgröße, kart. ●

Weihnachtsgeschenke schön verpacken
chachteln · Dekorationen · Geschenk-
apiere
1469-6) Von Present Team, 10 vierfarbige
Bogen 250-g-Karton mit Stanzung, 4 Bogen
Geschenkpapier + 4 S. Einleitung. ●●●

»lle Jahre wieder ...
Basteln, Backen, Schmücken, Singen, Vorle-
en, Feiern
1260-4) Von H. und Y. Nadolny, 256 S.,
'05 Farbfotos, 130 Zeichn., Pappband. ●●●

Basteln und dekorieren für
»dvent und Weihnachten
4446-1) Von G. Teusen, C. Netolitzky, 176 S.,
'285 Farbfotos, mit Bastelvorlagebogen,
'appband. ●●●

Basteln für Weihnachten
5162-X) Von Chr. Adjano, 32 S., 44 Farbfo-
0s, mit Vorlagebogen in Originalgröße, kart. ●

Fensterdekorationen für die Weihnachts-
zeit
5181-6) Von Y. Thalheim, H. Nadolny, 32 S.,
33 Farbfotos, mit Vorlagebogen in Original-
Jröße, kartoniert. ●

»dventskalender
5178-6) Von Y. Thalheim, H. Nadolny, 32 S.,
35 Farbfotos, mit Vorlagebogen in Originalgröße, kartoniert. ●

Weihnachtsbasteleien
Advents- und Weihnachtsschmuck für groß
und klein
(0667-5) Von M. Kühnle und S. Beck, 32 S.,
56 Farbfotos, 6 Zeichnungen, Pappband. ●

Feuerzeichen behaglicher Wohnkultur
Kachelöfen, Kamine und Kaminöfen
(4288-4) Hrsg. von C. Berninghaus. Von R.
Heinen, G. Kosicek, H.P. Sabborrosch, 168 S.,
291 Farbfotos, 2 s/w-Fotos, 8 Zeichnungen,
Pappband. ●●●●

Falken Handbuch
Heimwerken
Reparieren und Selbermachen im Haus und
Wohnung – über 1100 Farbfotos. Praktische
Tips vom Profi: Selbermachen, Reparieren,
Renovieren, Kostensparen. (4117-9) Von Th.
Pochert, 440 S., 1103 Farbfotos, 100 ein-
und zweifarbige Abb., Pappband. ●●●●

Restaurieren von Möbeln
Stilkunde, Materialien, Techniken, Arbeitsanleitungen in Bildfolgen.
(4120-9) Von E. Schnaus-Lorey, 152 S.,
37 Farbfotos, 75 s/w-Fotos, 352 Zeichnungen, Pappband. ●●●●

Möbel aufarbeiten, reparieren und
pflegen
(0386-2) Von E. Schnaus-Lorey, 96 S.,
28 Fotos, 101 Zeichnungen, kart. ●

FALKEN-Heimwerker-Praxis
Kleinmöbel aus Holz
(0905-4) Von O. Maier, 128 S., 210 Farbfotos, 80 Zeichnungen, kart. ●●

FALKEN-Heimwerker-Praxis
Anstreichen und Lackieren
(0771-X) Von P. Müller, 120 S., 196 Farbfotos,
2 s/w-Fotos, 3 Zeichnungen, kart. ●●

FALKEN-Heimwerker-Praxis
Elektroarbeiten
(0975-5) Von K.H. Schubert, 120 S., 193
Farbfotos, 40 Zeichnungen, kart. ●●

Falken-Heimwerker-Praxis
Mofa- und Moped-Reparaturen
(1008-7) Von T. Kohlmey, 128 S., 280 Farb-
abbildg. und Zeichng., kartoniert. ●●

FALKEN-Heimwerker-Praxis
Fahrrad-Reparaturen
(0796-5) Von R. van der Plas, 112 S., 140
Farbfotos, 113 farbige Zeichnungen, kart. ●●

Ikebana
Einführung in die japanische Kunst des
Blumensteckens. (0548-2) Von G. Vocke,
152 S., 47 Farbfotos, kart. ●

Blütenbilder aus Blumen und Blättern
Phantasievolle Naturcollagen
(0872-X) Von G. Schamp, 32 S., 57 Farbfotos, 1 Zeichnung, Pappband. ●

Hobby Gewürzsträuße
und zauberhafte Gebinde nach Salzburger
Art. (0726-X) Von A. Ott, 80 S., 101 Farbfotos, 51 farbige Zeichnungen, kart. ●●

Hobby Trockenblumen
Gewürzsträuße, Gestecke, Kränze, Buketts.
(0643-8) Von R. Strobel-Schulze, 88 S.,
170 Farbfotos, kart. ●●

Neue zauberhafte Trockenblumen-Ideen
(0821-X) Von R. Strobel-Schulze, 80 S.,
163 Farbfotos, kart. ●●

Phantasievolles Schminken
Verzauberte Gesichter für Maskeraden,
Laienspiele und Kinderfeste
(0907-0) Hrsg.: H. u. Y. Nadolny, 64 S., 227
Farbfotos, kartoniert. ●●

Schminken für Kinder
(5177-8) Von Y. Thalheim, H. Nadolny, 32 S.,
68 Farbfotos, mit Vorlagebogen in Originalgröße, kartoniert. ●

Mit vollem Genuß Pfeife rauchen
Alles über Tabaksorten, Pfeifen und Zubehör
(4227-2) Von H. Behrens, H. Frickert, 168 S.,
127 Farbfotos, 18 Zeichn., Pappband. ●●●●

Pfeiferauchen leicht gemacht
Die richtige Art, Tabak zu genießen
(1026-5) Von O. Pollner, 112 S., 125 Farbfotos, 5 zweifarbige Abb., kart. ●●

Münzen
Ein Brevier für Sammler. (0353-6) Von E.
Dehnke, 128 S., 4 Farbtafeln, 17 s/w-Abb.,
kart. ●●

Die Fazination der Philatelie
Briefmarken sammeln
(4273-6) Von D. Stein, 212 S., 124 s/w-Fotos,
24 Farbtafeln, Pappband. ●●●

Briefmarken sammeln
(0481-8) Von D. Stein. 120 S., 4 Farbtafeln,
98 s/w-Abb., kart. ●

Freizeit mit dem Mikroskop
(0291-2) Von M. Deckart, 132 S., 8 Farbtafeln, 64 s/w-Abb., 2 Zeichnungen, kart. ●●

Astronomie im Jahr
Unser Sternenhimmel rund ums Jahr
(0849-X) Von Dr. E. Übelacker, 88 S., 48
Farbfotos, 1 s/w-Foto, 68 Farbzeichn., kart.
●●

Astronomie als Hobby
Sternbilder und Planeten erkennen und
benennen. (0572-5) Von D. Block, 176 S.,
16 Farbtafeln, 45 s/w-Fotos, 93 Zeichnungen, kart. ●●

Moderne Fotopraxis
(4401-1) Von G. Koshofer, Prof. H. Wedewardt, 224 S., 363 Farbfotos, 106 s/w-Fotos,
5 Farb- und 24 s/w-Zeichnungen, Pappband.
●●●

Mach dir ein Bild
Praxistips für Foto, Film und Video
(4410-0) Von G. Staab, 208 S., 202 Farbfotos, 175 s/w-Fotos, 1 Zeichnung, Pappband.
●●●

So macht man bessere Fotos
Das meistverkaufte Fotobuch der Welt
(0614-4) Von M. L. Taylor, 192 S., 457 Farbfotos, 8 s/w-Fotos, 7 Zeichnungen, kart. ●●

Aktfotografie
Interpretationen zu einem unerschöpflichen
Thema. Grundlage · Technik · Spezialeffekte.
(0737-X) Von H. Wedewardt, 88 S., 144 Farb-
und 6 s/w-Fotos, 6 Zeichnungen, kart. ●●

Videografieren
Filmen mit Video 8. Technik – Bildgestaltung
– Schnitt – Vertonung. (0843-0) Von M.
Wild, K. Möller, 120 S., 101 Farbfotos,
22 s/w-Fotos, 52 Zeichnungen, kart. ●●

Videografieren perfekt
Profitricks für Aufnahmetechnik und
Nachbearbeitung
(0969-0) Von W. Schild, 120 S., 144 Farbabb., 5 s/w-Zeichnungen, kart. ●●●

Schmalfilmen
Ausrüstung · Aufnahmepraxis · Schnitt · Ton.
(0342-0) Von U. Ney, 108 S., 4 Farbtafeln,
25 s/w-Fotos, kart. ●

Anlagenbau in Modultechnik
für Modelleisenbahnen und Dioramen.
(0845-7) Von J. Thal, 104 S., 68 Farbfotos,
28 Zeichnungen, kart. ●●●

Kleine Welt auf Rädern
Das faszinierende Spiel mit Modelleisen-
bahnen (4175-6) Von F. Eisen, 256 S., 72
Farb- und 180 s/w-Fotos, 25 Zeichnungen,
Pappband. ●●●

Elektronik als Hobby
Von der Grundlagenschaltung zum
integrierten Schaltkreis
Mit 8 wichtigen Universalplatinen
(4293-0) Von W. Priesterath, 264 S.,
80 s/w-Fotos, 128 Zeichn., Pappband. ●●●

Die Super-Sportwagen der Welt
(4423-2) Von H.G. Isenberg, 194 S., 184
Farbfotos, 4 farbige Ausklapptafeln,
32 s/w-Fotos, Pappband. ●●●●

Die Super Oldtimer der Welt
(4465-8) Von H. G. Isenberg, 194 S., 161
Farb- und 36 s/w-Fotos, 4 Ausklapptafeln,
Pappband. ●●●●

Die Super-Trucks der Welt
(4257-4) Von H. G. Isenberg, 194 S., 205
Farbfotos, 87 s/w-Fotos, 7 Farbzeichnungen,
4 farb. Ausklapptafeln, Pappband. ●●●●

Die Super-Motorräder der Welt
(4193-4) Von H. G. Isenberg, 192 S., 170
Farb- und 100 s/w-Fotos, 8 Zeichnungen,
Pappband. ●●●●

Die Super-Eisenbahnen der Welt
(4287-6) Von W. Kosak, H. G. Isenberg, 224
S., 269 Farbfotos, 79 s/w-Fotos, 8 Vignetten,
5 farb. Ausklapptafeln, Pappband. ●●●●

Sport und Fitneß

Neue Lehrmethoden der Judo-Praxis
(0424-9) Von P. Herrmann, 223 S., 475 Abb.,
kart. ●●

Judo
Grundlagen - Methodik. (0305-6) Von M.
Ohgo, 208 S., 1025 Fotos, kart. ●●

Fußwürfe
für Judo, Karate und Selbstverteidigung.
(0439-7) Von H. Nishioka, übers. von H.J.
Heese, 96 S., 260 Abb., kart. ●●

Modernes Karate
Das große Standardwerk mit 2279 Abbildungen. (4280-9) Von T. Okazaki, Dr. med.
M. V. Stricevic, übers. von M. Pabst, 376 S.,
2279 s/w-Abb., Pappband. ●●●●●

Nakayamas Karate perfekt 1
Einführung. (0487-7) Von M. Nakayama,
136 S., 605 s/w-Fotos, kart. ●●

Nakayamas Karate perfekt 2
Grundtechniken. (0512-1) Von M. Nakayama, 136 S., 354 s/w-Fotos, 53 Zeichn., kart.
●●

Nakayamas Karate perfekt 3
Kumite 1: Kampfübungen. (0538-5) Von M.
Nakayama, 128 S., 424 s/w-Fotos, kart. ●●

Nakayamas Karate perfekt 4
Kumite 2: Kampfübungen. (0547-4) Von M.
Nakayama, 128 S., 394 s/w-Fotos, kart. ●●

Nakayamas Karate perfekt 5
Kata 1: Heian, Tekki. (0571-7) Von M. Nakayama, 144 S., 1229 s/w-Fotos, kart. ●●

Nakayamas Karate perfekt 6
Kata 2: Bassai-Dai, Kanku-Dai, (0600-4) Von
M. Nakayama, 144 S., 1300 s/w-Fotos,
107 Zeichnungen, kart. ●●

Nakayamas Karate perfekt 7
Kata 3: Jitte, Hangetsu, Empi. (0618-7) Von
M. Nakayama, 144 S., 1988 s/w-Fotos,
105 Zeichnungen, kart. ●●

Nakayamas Karate perfekt 8
Gankaku, Jion. (0650-0) Von M. Nakayama,
144 S., 1174 s/w-Fotos, 99 Zeichnungen,
kart. ●●

Karate für alle
Karate-Selbstverteidigung in Bildern.
(0314-5) Von A. Pflüger, 104 S., 323
s/w-Fotos, kart. ●●

Fit mit Karate
(2308-1) Von A. Pflüger, 96 S., 134 Farbfotos,
4 s/w-Zeichnungen, kart. ●●

25 Shotokan-Katas
Auf einen Blick: Karate-Katas für Prüfungen
und Wettkämpfe. (0859-7) Von A. Pflüger,
88 S., 185 s/w-Abb., 24 ganzseitige Tafeln
mit über 1.600 Einzelschritten, kart. ●●

Kontakt-Karate
Ausrüstung · Technik · Training. (0396-X)
Von A. Pflüger, 112 S., 238 s/w-Fotos, kart.
●●

Bo-Karate
Habo-Jitsu – die Techniken des Stock-
kampfes. (0447-8) Von G. Stiebler, 176 S.,
424 s/w-Fotos, 38 Zeichnungen, kart. ●●

Karate 1
Einführung · Grundtechniken. (0227-0) Von
A. Pflüger, 144 S., 195 s/w-Fotos, 120 Zeich-
nungen, kart. ●

Karate 2
Kombinationstechniken · Katas. (0239-4)
Von A. Pflüger, 176 S., 452 s/w-Fotos und
Zeichnungen, kart. ●

Karate Kata 1
Heian 1–5, Tekki 1, Bassai Dai. (0683-7) Von
W.-D. Wichmann, 164 S., 703 s/w-Fotos,
kart. ●●

Karate Kata 2
Jion, Empi, Kanku-Dai, Hangetsu. (0723-X)
Von W.-D. Wichmann, 140 S., 661 s/w-Fotos,
4 Zeichnungen, kart. ●●

Der König des Kung-Fu
Bruce Lee
Sein Leben und Kampf. (0392-7) Von L. Lee,
136 S., 104 s/w-Fotos, kart. ●●

Bruce Lees Kampfstil 1
Grundtechniken. (0473-7) Von B. Lee,
M. Uyehara, 109 S., 220 Abb., kart. ●

Bruce Lees Kampfstil 2
Selbstverteidigungs-Techniken. (0486-9)
Von B. Lee, M. Uyehara, 128 S., 310 Abb.,
kart. ●

Bruce Lees Kampfstil 3
Trainingslehre. (0503-2) Von B. Lee,
M. Uyehara, 112 S., 246 Abb., kart. ●

Bruce Lees Kampfstil 4
Kampftechniken. (0523-7) Von B. Lee,
M. Uyehara, 104 S., 211 Abb., kart. ●

Kung-Fu 1
Legende · Philosophie · Grundtechniken
(0891-0) Von Chr. Yim, 152 S., 401
s/w-Fotos, 3 Zeichnungen, kart. ●●

Kung-Fu und Tai-Chi
Grundlagen und Bewegungsabläufe.
(0367-6) Von B. Tegner, 182 S., 370
s/w-Fotos, kart. ●●

Kung-Fu
Grundlagen · Bewegungsabläufe · Körper-
schule. (0376-5) Von M. Pabst, 160 S.,
330 Abb., kart. ●

Bruce Lees Jeet Kune Do
(0440-0) Von B. Lee, 192 S., mit 105 eigen-
händigen Zeichnungen von B. Lee, kart. ●●

Shaolin-Kempo – Kung-Fu
Chinesisches Karate im Drachenstil.
(0395-1) Von R. Czerni, K. Konrad, 246 S.,
723 Abb., kart. ●●

Kickboxen
Fitneßtraining und Wettkampfsport.
(0795-0) Von G. Lemmens, 96 S.,
208 s/w-Fotos, 23 Zeichnungen, kart. ●●

Ninja 1
Die Lehre der Schattenkämpfer. (0758-2)
Von S.K. Hayes, übers. von J. Schmit, 144 S.,
137 s/w-Fotos, kart. ●●

Ninja 2
Die Wege zum Shoshin (0763-9) Von S.K.
Hayes, übers. von J. Schmit, 160 S.,
309 s/w-Fotos, 2 Zeichnungen, kart. ●●

Ninja 3
Der Pfad des Togakure-Kämpfers. (0764-7)
Von S.K. Hayes, übers. von J. Schmit, 144 S.,
197 s/w-Fotos, 2 Zeichnungen, kart. ●●

Ninja 4
Das Vermächtnis der Schattenkämpfer
(0807-4) Von S.K. Hayes, übers. von J.
Schmit, 196 S., 466 s/w-Fotos, kart. ●●

Taekwondo perfekt 1
Die Formenschule bis zum Blaugurt
(0890-2) Von K. Gil, Kim Chul-Hwan, 176 S.
439 s/w-Fotos, 107 Zeichnungen, kart. ●●

Taekwondo perfekt 2
Die Formenschule vom Blau- bis zum
Schwarzgurt
(0976-3) Von K. Gil, K. Chul-Hwan, 192 S.,
461 s/w-Fotos, 112 Zeichnungen, kart. ●●

Taekwondo perfekt 3
(1068-0) Von K. Gil, K. Chul-Hwan, 200 S.,
429 s/w-Fotos, kartoniert. ●●

Illustriertes Handbuch des Taekwondo
Koreanische Kampfkunst und Selbstverteid
gung. (4053-9) Von K. Gil, 248 S., 1026
Abb., Pappband. ●●●

Taekwon-Do
Koreanischer Kampfsport. (0347-1) Von K.
Gil, 152 S., 408 Abb., kart. ●●

Ju-Jutsu als Wettkampf
(0826-0) Von G. Kulot, 168 S., 418 s/w-Foto
2 Zeichnungen, kart. ●●

Ju-Jutsu 1
Grundtechniken - Moderne Selbstverteidigung. (0276-9) Von W. Heim, F.J. Gresch,
164 S., 504 s/w-Fotos, 8 Zeichn., kart. ●

Ju-Jutsu 2
für Fortgeschrittene und Meister. (0378-1)
Von W. Heim, F. J. Gresch, 160 S., 798
s/w-Fotos, kart. ●

Ju-Jutsu 3
Spezial-, Gegen- und Weiterführungs-Techn
ken · Stockkampfkunst. (0485-0) Von W.
Heim, F.J. Gresch, 200 S., über 600
s/w-Fotos, kart. ●●

Aikido
Lehren und Techniken des harmonischen
Weges. (0537-7) Von R. Brand, 280 S.,
697 Abb., kart. ●●

Hap Ki Do
Koreanische Selbstverteidigung nach dem
Lehrsystem des Großmeisters. (0379-X) Von
Kim Sou Bong, 112 S., 152 Abb., kart. ●

Dynamische Tritte
Grundlagen für den Zweikampf. (0438-9)
Von C. Lee, 96 S., 398 s/w-Fotos, 10 Zeich-
nungen, kart. ●

Selbstverteidigung
Abwehrtechniken für Sie und Ihn (0853-8)
Von E. Deser, 96 S., 259 s/w-Fotos, kart. ●

Die Faszination athletischer Körper
Bodybuilding
mit Weltmeister Ralf Möller. (4281-7) Von
R. Möller, 128 S., 169 Farbfotos,
14 s/w-Fotos, 1 Farbzeichn., Pappband.
●●●●

Bodyshaping · Bodybuilding
Mit Anja Albrecht zur Idealfigur. (4405-4)
Von A. Albrecht, 128 S., 164 Farbfotos,
4 s/w-Fotos, 1 Farb- und 1 s/w-Zeichnung,
Pappband. ●●●●

Ladyfitneß
Das neue Körperbewußtsein der Frau
Bodyshaping · Körperpflege · Ernährung ·
Entspannung
(4433-X) Von Prof. Dr. S. Starischka, B.
Grabis, D. von Gramm, G.W. Kienitz,
ca. 128 S., ca. 113 Farbfotos, Pappband.
●●●

Bodybuilding für Frauen
Wege zu Ihrer Idealfigur (0661-6) Von H.
Schulz, 112 S., 84 s/w-Fotos, 4 Zeichnungen
kart. ●

Fit mit Bodybuilding
(2314-6) Von H. Lipetz, 112 S., 203 Farbabbildungen, 10 Tabellen. ●●

Bodybuilding Anleitung zum Muskel- und
Konditionstraining für sie und ihn.
(0604-7) Von R. Smolana, 160 S.,
171 s/w-Fotos, kart. ●

Hanteltraining zu Hause
(0800-7) Von W. Kieser, 80 S., 71 s/w-Fotos, 4 Zeichnungen, kart. ●

Leistungsfähiger durch Krafttraining
Eine Anleitung für Fitness-Sportler, Trainer und Athleten (0617-9) Von W. Kieser, 96 S., 20 s/w-Fotos, 62 Zeichnungen, kart. ●

Fit und gesund
Fitneßtraining und Bodybuilding zu Hause. Trainingsprogramme für Ihr Wohlbefinden. (0782-5) Von Prof. Dr. S. Starischka, 80 S., 100 Farbfotos, 3 Zeichnungen, kart. ●●

Optimale Ernährung
für Krafttraining und Budybuilding. (0912-7) Von B. Dahmen, 88 S., 8 Farbtafeln, 8 Zeichnungen, kart. ●

Fit mit Bio-Training
für Kraft, Ausdauer und Schnelligkeit (2310-3) Von L. Spitz, 112 S., 197 Farbfotos, 11 Farb- und 4 s/w-Zeichnungen, kart. ●●

Top-Form im Sport
Ernährungs-Training
Das Erfolgsprogramm für den Ausdauersportler. (0945-3) Von M. Inzinger, Dipl.-Oec. troph. G. Wagner, 160 S., 31 Farbzeichnungen, 16 Grafiken, kart. ●●

Gesund und fit durch Konditionstraining und Wirbelsäulengymnastik
(0844-9) Von R. Milser u. K. Grafe, 104 S., 99 Farbfotos, 12 Farbzeichnungen, 5 s/w-Zeichnungen, kart. ●●

Fit mit Tai Chi
als sanfte Körpererfahrung (2305-7) Von B. u. K. Moegling, 112 S., 121 Farbfotos, 6 Farb- u. 4 s/w-Zeichnungen, kart. ●

Isometrisches Training
Übungen für Muskelkraft und Entspannung. (0529-6) Von L. M. Kirsch, 140 S., 162 s/w-Fotos, kart. ●●

Stretching
Mit Dehnungsgymnastik zu Entspannung. Geschmeidigkeit und Wohlbefinden. (0717-5) Von H. Schulz, 80 S., 90 s/w-Fotos, kart. ●

Fit mit Stretching
(2304-9) Von B. Kurz, 96 S., 255 Farbfotos, kart. ●●

Gesund und fit durch Gymnastik
(0366-8) Von H. Pilss-Samek, 88 S., 130 Abb., kart. ●

Fit und frisch
Gymnastik für die ganze Familie
(6501-9) Von G. Sieber, 104 S., 306 Farbfotos, 5 Farbzeichnungen, kart., mit Audiokassette, Laufzeit 30 Min., ●●●

Fit mit Frank Elstner
Das neue Aktiv-Programm
(4430-5) Hrsg. von Frank Elstner, fachl. Mitarbeiter Prof. Dr. S. Starischka u. a., 184 S., 215 Farbfotos, 72 Zeichnungen, 8 farbige Grafiken. ●●●●

Fit mit Laufen
(2315-4) Von W. Sonntag, 96 S., 60 Farbfotos, 8 Farbzeichnungen, kart. ●●

Spaß am Laufen
Jogging für die Gesundheit. (0470-2) Von W. Sonntag. 140 S., 41 s/w-Fotos, 1 Zeichnung, kart. ●

Fit mit Sportschießen
(2312-X) Von H. Gabelmann, ca. 112 S., ca. 100 Farbabbildungen, kart. ●●

Fechten
Florett · Degen · Säbel. (0449-4) Von E. Beck, 88 S., 185 Fotos, 10 Zeichnungen, kart. ●●

Fit mit Sportabzeichen
(2307-3) Von G. Hennige, 104 S., 107 Farbfotos, kart. ●●

Volleyball
Technik · Taktik · Regeln. (0351-X) Von H. Huhle, 104 S., 330 Abb., kart. ●

Fit mit Volleyball
(2302-2) Von Dr. A. Scherer, 104 S., 27 Farb- und 1 s/w-Foto, 12 Farb- und 29 s/w-Zeichnungen, kart. ●●

Fit mit Fußball
(2309-X) Von H. Obermann, P. Walz, 112 S., 47 Farbfotos, 18 Farb- und 25 s/w-Zeichnungen, kart. ●●

Handball
Technik · Taktik · Regeln. (0426-5) Von F. und P. Hattig, 128 S., 91 s/w-Fotos, 121 Zeichnungen, kart. ●

Die neue Tennis-Praxis
Der individuelle Weg zu erfolgreichem Spiel. (4097-0) Von R. Schönborn, 240 S., 202 Farbzeichnungen, 31 s/w-Abb., Pappband. ●●●●

Tennis
Technik · Taktik · Regeln. (0375-7) Von W. u. S. Taferner, 112 S., 81 Abb., kart. ●

Tischtennis-Technik
Der individuelle Weg zum erfolgreichem Spiel. (0775-2) Von M. Perger, 144 S., 296 Abb. kart. ●●

Badminton
Technik · Taktik · Training. (0699-3) Von K. Fuchs, L. Sologub, 168 S., 51 Abb., kart., ●●

Squash
Ausrüstung · Technik · Regeln. (0539-3) Von D. von Horn, H.-D. Stünitz, 96 S., 55 s/w-Fotos, 25 Zeichnungen, kart. ●

Fit mit Squash
(2311-1) Von P. Langhammer, R. Michna, 96 S., 86 Farbfotos, 13 Farbzeichnungen, kart. ●●

Eishockey
Lauf- und Stocktechnik, Körperspiel, Taktik, Ausrüstung und Regeln. (0414-1) Von J. Čapla, 264 S., 548 s/w-Fotos, 163 Zeichnungen, kart. ●●

Golf
Ausrüstung und Technik. (0343-9) Von J.C. Jessop, übersetzt von H. Biemer, mit einem Vorwort von H. Krings, Präsident der Deutschen Golf-Verbandes, 96 S., 57 Abb., Anhang Golfregeln des DGV, kart. ●●

Pool-Billard
(0484-2) Herausgegeben vom Deutschen Pool-Billard-Bund. Von M. Bach, K.-W. Kühn, 104 S., 64 Abb., kart. ●

Tanzstunde
Das Welttanzprogramm leicht gelernt (4409-2) Von G. Hädrich, 164 S., 489 s/w-Fotos, 63 Zeichnungen, Pappband. ●●●

Wir lernen tanzen
Standard- und lateinamerikanische Tänze (0200-9) Von E. Fern, 152 S., 119 s/w-Fotos, 47 Zeichnungen, kart. ●

Fit mit Tanzen
(2303-0) Von K. Richter, H. Kleinow, 96 S., 102 Farbfotos, kart. ●●

Dancing
Moderne Discotänze: mit Mambo und Salsa (0977-1) Von B. und F. Weber, 96 S., 207 s/w-Fotos, kart. ●●

Jive
(5174-3) Von Peter Wolff, 32 S., 66 Farbfotos, 7 Zeichng., mit Tanzteppich, kartoniert. ●

Cha-Cha-Cha
(5177-9) Von Peter Wolff, 32 S., 51 Farbfotos, 10 Zeichnungen, mit Tanzteppich, kartoniert. ●

Foxtrott
(5172-7) Von Peter Wolff, 32 S., 55 Farbfotos, 10 Zeichnungen, mit Tanzteppich, kartoniert. ●

Langsamer Walzer
(5173-5) Von Wolff, 32 S., 50 Farbfotos, 10 Zeichnungen, mit Tanzteppich, kartoniert. ●

Dirty Dancing
Step by Step leicht gelernt
(0992-5) Von D. Glück, G. Teusen, 80 S., 140 Farbfotos, kart. ●●

Anmutig und fit durch Bauchtanz
(0911-9) Von Marta, 120 S., 229 Farbfotos, 6 s/w-Zeichnungen, kart. ●●

Sporttauchen
Theorie und Praxis des Gerätetauchens (0647-0) Von S. Müßig, 144 S., 8 Farbtafeln, 35 s/w-Fotos, 89 Zeichnungen, kart. ●●

Angelfischerei von Aal bis Zander
Fische · Geräte · Technik. (0324-2) Von H. Oppel, 72 S., 16 Farbt., 49 s/w-Abb., kart. ●

Angeln
Kleine Fibel für den Sportfischer. (0198-3) Von E. Bondick, 80 S., 4 Farbt., 116 Abb., kart. ●

Falken-Handbuch Angeln
in Binnengewässern und im Meer. (4090-3) Von H. Oppel, 344 S., 24 Farbtafeln, 66 s/w-Fotos, 151 Zeichn., gebunden. ●

Funboard-Surfen
Material · Technik · Regatten · Internationale Reviere. (4297-3) Von J. Evans, 144 S., 106 Farbfotos, 9 Farbzeichnungen, 68 zweifarbige und 5 s/w-Zeichnungen, kart. ●●●

Fit mit Surfen
(2317-3) Von H. Mönster, K.-H. Eden, B. Bohr, 104 S., 110 Farbfotos, 23 s/w-Zeichnungen, kartoniert. ●●

TELESKI
Skigymnastik perfekt
(1037-0) Von M. Vorderwülbecke, G. Kern, 120 S., 220 Farbfotos, 16 farbige Grafiken, 19 Farbzeichnungen, kartoniert. ●●

Fibel für Kegelfreunde
Sport- und Freizeitkegeln · Bowling (0191-6) Von G. Bocsai, 72 S., 62 Abb., kart. ●

Fit mit Kegeln
(2301-4) Von G. Gromann, 96 S., 51 Farbfotos, 50 Farb- und 4 s/w-Zeichnungen, kart. ●●

Beliebte und neue Kegelspiele
(0271-8) Von H. Reguiski, 92 S., 62 Abb., kart. ●

111 spannende Kegelspiele
(2031-7) Von H. Reguiski, 80 S., 53 Zeichnungen, kart. ●

Schach

Einführung in das Schachspiel
(0104-5) Von W. Wollenschläger und K. Colditz, 112 S., 116 Diagramme und ●

Falken-Handbuch Schach
(4051-2) Von T. Schuster, 360 S., über 340 Diagramme, gebunden. ●●●●

Spielend Schach lernen
(2002-3) Von T. Schuster, 96 S., kart. ●

Kinder- und Jugendschach
Offizielles Lehrbuch des Deutschen Schachbundes zur Erringung der Bauern-, Turm- und Königsdiplome. (0561-X) Von B.J. Withuis, H. Pfleger, 144 S., 220 Zeichnungen und Diagramme, kart. ●●

Zug um Zug
Schach für jedermann 1
Offizielles Lehrbuch des Deutschen Schachbundes zur Erringung des Bauerndiploms. (0648-9) Von H. Pfleger, E. Kurz, 80 S., 24 s/w-Fotos, 8 Zeichn., 60 Diagramme, kart. ●

FALKEN-Software
Zug um Zug
Schach für jedermann 1
(7015-2) Wendedискette für C 64 / C 128 PC, mit Begleitheft. ●●●˙

(7005-1) Wendediskette für Atari ST 520/1040 mit Begleitheft. ●●●●●˙
Zug um Zug
Schach für jedermann 2
Offizielles Lehrbuch des Deutschen Schachbundes zur Erringung des Turmdiploms. **(0659**-4) Von H. Pfleger, E. Kurz, 128 S., 7 s/w-Fotos, 13 Zeichnungen, 78 Diagramme, kart. ●
Zug um Zug
Schach für jedermann 3
Offizielles Lehrbuch des Deutschen Schachbundes zur Erringung des Königdiploms. **(0728**-0) Von H. Pfleger, G. Treppner, 128 S., 4 s/w-Fotos, 84 Diagramme, 10 Zeichnungen, kart. ●
Schach für Fortgeschrittene
Taktik und Probleme des Schachspiels **(0219**-X) Von R. Teschner, 88 S., 85 Diagramme, kart. ●
Neue Schacheröffnungen
(0478-8) Von T. Schuster 104 S., 100 Diagramme, kart. ●
Lehr-, Übungs- und Testbuch der Schachkombinationen
(0649-7) Von K. Colditz, 184 S., 227 Diagramme, kart. ●
Erfolgreiche Schachlehre
Eröffnungs- und Mittelspielstrategie **(0991**-7) Von D. Bronstein, 254 S., 201 Diagramme, Pappband. ●
Faszinierendes Schach
(0989-5) Von I. Linder, 285 S., 295 Diagramme, Pappband. ●●
Die hohe Schule der
Schachkombinationen
(0920-8) Von W. Golz, P. Keres, 272 S., 322 Diagramme, Pappband. ●●
Schwerfiguren greifen ein
(0979-8) Von J. Damski, 184 S., 244 Diagramme, Pappband. ●●
Sizilianisch siegen
durch die Kunst der Verteidigung **(0990**-2) Von M. Taimanow, 160 S., 124 Diagramme, Pappband. ●●
Schnelle Schachsiege
Das meisterliche Gambitspiel **(1038**-9) Von S. Samarian, 28 S., 125 Diagramme, kartoniert. ●●
Offizielles Lehrbuch des Deutschen Schachbundes
Das systematische Schachtraining
Trainingsmethoden, Strategien und Kombinationen. **(0857**-0) Von Sergiu Samarian, 152 S., 159 Diagramme, 1 Zeichn., kart. ●●
Taktische Schachendspiele
(0752-3) Von J. Nunn, 208 S., 152 Diagramme, kart. ●
Schachstrategie
Ein Intensivkurs mit Übungen und ausführlichen Lösungen. **(0584**-9) Von A. Koblenz, dt. Bearb. von K. Colditz, 212 S., 240 Diagramme, kart. ●●
Schachtraining mit den Großmeistern
(0670-5) Von H. Bouwmeester, 128 S., 90 Diagramme, kart. ●●
Die besten Partien deutscher Schachgroßmeister
(4121-7) Von H. Pfleger, 192 S., 29 s/w-Fotos, 89 Diagramme, Pappband. ●●●
So denkt ein Schachmeister
Strategische und taktische Analysen. **(0915**-1) Von H. Pfleger, G. Treppner, 120 S., 75 Diagramme, kart. ●●

Schach als Kampf
Meine Spiele und mein Weg. **(0729**-9) Von G. Kasparow, 144 S., 95 Diagramme, 9 s/w-Fotos, kart. ●●
Kasparows Schacheröffnungen
(1021-4) Von O. Borik, 136 S., 16 s/w-Fotos, kartoniert. ●●
Helmut Pflegers
Schachkabinett
Amüsante Aufgaben – überraschende Lösungen. **(0877**-5) Von H. Pfleger, 160 S., 118 Diagramme, kart. ●●
Schach mit dem Computer
(0747-7) Von D. Frickenschmidt, 140 S., 112 Diagramme, 29 s/w-Fotos, 5 Zeichnungen, kart. ●●
FALKEN-Software
Das komplette Schachprogramm
Spielen, Trainieren, Problemlösen mit dem Computer. **(7006**-3) Von J. Egger, Diskette für C 64, C 128 PC, mit Begleitheft. ●●●●●˙

Mensch und Gesundheit

Total verknallt … und keine Ahnung?
Alles über Liebe, Sex und Zärtlichkeit **(1024**-9) Von H. Bruckner, R. Rathgeber, 104 S., 38 Abbildungen, kartoniert. ●●
Sinnliche Liebe
Sex und Partnerschaft **(4436**-4) Von Dr. A. Stanway, 160 S., 60 vierfarbige Illustrationen, Pappband. ●●●●
Streicheleinheiten für Körper und Seele
Partner Massage
(4444-5) Von Chr. Unseld-Baumanns, 136 S., 145 Farbfotos, Pappband. ●●●●
Der moderne Ratgeber
Wir werden Eltern
Schwangerschaft · Geburt · Erziehung des Kleinkindes. **(4269**-8) Von B. Nees-Delaval, 376 S., 335 2-farbige Abb., Pappband. ●●●●
Wenn Sie ein Kind bekommen
(4003-0) Von U. Klamroth, Dr. med. H. Oster, 240 S., 86 s/w-Fotos, 30 Zeichn., kart. ●●●
Wenn der Mensch zum Vater wird
Ein heiter-besinnlicher Ratgeber **(4259**-0) Von D. Zimmer, 160 S., 20 Zeichnungen, Pappband. ●●
Vorbereitung auf die Geburt und
Schwangerschaftsgymnastik
Atmung, Rückbildungsgymnastik. **(0251**-3) Von s. Buchholz, 112, S., 98 s/w-Fotos, kart. ●
Yoga für Schwangere
Der Weg zur sanften Geburt **(0777**-9) Von V. Bolesta-Hahn, 112 S., 76 zweifarbige Abb., kart. ●●
Die Kunst des Stillens
nach neuesten Erkenntnissen **(0701**-9) Von Prof. Dr. med. E. Schmidt, S. Brunn, 112 S., 20 Fotos und 4 Zeichnungen, kart. ●●
Das Babybuch
Pflege · Ernährung · Entwicklung **(0531**-8) Von A. Burkert, 96 S., 76 zweifrg. Zeichn., 22 s/w-Fotos, kart. ●●
Babyfitness
Massage, Spiele, Gymnastik und Schwimmen für Kinder im 1. Lebensjahr **(1034**-6) Von G. Zeiß, 112 S., 179 zweifarbige Illustrationen, kartoniert. ●●
Wenn Kinder krank werden
Medizinischer Ratgeber für Eltern **(4240**-X) Von Dr. med. I.J. Chasnoff, B. Nees-Delaval, 232 S., 163 Zeichn., Pbd.. ●●●

FALKEN-Software
Ego-Tests
Sich und andere besser erkennen und verstehen. **(7012**-8) Diskette für IBM PC kompatible (MS DOS) mit Begleitheft. ●●●●●˙
Bildatlas des menschlichen Körpers
(4177-2) Von G. Pogliani, V. Vannini, 112 S., 402 Farbabb. 28 s/w-Fotos, Pappband. ●●●
Das moderne Hausbuch der Naturheilkunde
Neueste Erkenntnisse der Ganzheitsmedizin von Akupressur bis Zelltherapie **(4403**-8) Von G. Leibold, 448 S., 263 Farbzeichn., 15 s/w-Fotos, Pappband. ●●●●●
Pillenpreise unverblümt
Rezeptfreie Medikamente: Medizinische Grundlagen · Wirkungen · Risiken · Preisübersicht **(4426**-7) Von Dr. rer.nat. K. Mayer, 248 S., franz. Broschur. ●●●
Ratgeber Aids
Entstehung, Ansteckung, Krankheitsbilder, Heilungschancen, Schutzmaßnahmen **(0803**-1) Von B. Baartman, Vorwort von Dr. med. H. Jäger, 112 S., 8 Farbtafeln, 4 Grafiken, kart. ●●
Nahrungsmittelallergien
So erkennen Sie sich richtig! **(0913**-5) Von Priv-Doz.Dr.med.Dr.med.habil. J. von Mayenburg, Prof. Dr. med. S. Borelli, E. Polster, 136 S., kart. ●●
Diabetes
Krankheitsbild, Therapie, Kontrollen, Schwangerschaft, Sport, Urlaub, Alltagsprobleme, Neueste Erkenntnisse der Diabetesforschung. **(0895**-3) Von Dr. med. H.J. Krönke, 120 S., 4 Farbtafeln, 14 s/w-Fotos, 13 s/w-Zeichnungen, kart. ●
Rheuma und Gicht
Krankheitsbilder, Behandlung, Therapieverfahren, Selbstbehandlung. Richtige Lebensführung und Ernährung. **(0712**-4) Von Dr. J. Höder, J. Bandick, 104 S., kart. ●
Asthma
Pseudokrupp, Bronchitis und Lungenemphysem. **(0778**-7) Von Prof. Dr. med. W. Schmidt, 120 S., 56 Zeichnungen, kart. ●
Krampfadern
Ursachen, Vorbeugung, Selbstbehandlung, Therapieverfahren. **(0727**-2) Von Dr. med. K. Steffens, 112 S., 38 Abb., kart. ●
Gallenleiden
Krankheitsbilder, Behandlung, Therapieverfahren, Selbstbehandlung. Richtige Lebensführung und Ernährung. **(0673**-X) Von Dr. med. K. Steffens, 104 S., 34 Zeichnungen, kart. ●
Arteriosklerose
Risikofaktoren/Vorbeugung/Therapie Richtige Ernährung bei erhöhtem Cholesterinspiegel **(1020**-6) Von Prof. Dr. med. G. Assmann, Dr. troph. U. Wahrburg, 192 S., 84 farb. Abb., 4 s/w-Zeichnungen, kartoniert. ●
Naturkosmetik
Die Grundlagen gesunder und natürlicher Hautpflege **(1080**-X) Von N. E. Haas, 120 S., 63 Farbabb., kartoniert. ●●
Gesundheit durch altbewährte Kräuterrezepte und Hausmittel aus der
Natur-Apotheke
(4156-X) Von G. Leibold, 236 S., 8 Farbtafeln, 100 Zeichnungen, kart. ●●●
Heiltees und Kräuter für die Gesundheit
(4123-3) Von G. Leibold, 136 S., 15 Farbtafeln, 16 Zeichnungen, kart. ●●

Fastenkuren
Wege zur gesunden Lebensführung. Rezepte
und Tips für die Nachfastenze t. Kurzfasten ·
Saftfastenkuren · Fastenschalttage · Heilfasten. (4248-5) Von Ha. A. Miehler,
4. Keppler, 144 S., 16 s/w-Fotos, 9 Zeichn.,
Pbd. ●●●

Die sanfte Art des Heilens
Homöopathie
Praktische Anwendung und Arzneimittel-
lehre
(4418-X) Von J. H. P. Kreuter, 216 S., 49
Zeichnungen, Pappband. ●●●

Massagetechniken und Heilanzeigen
Reflexzonentherapie
(4404-6) Von G. Leibold, 128 S., 53 Farb-
zeichungen, Pappband. ●●●

Wetterfühligkeit
Vorbeugen und behandeln
Der Einfluß von Wetter und Klima auf Körper
und Psyche
(0998-4) Von Dipl.-Met. H. Trenkle, fachl.
Beratung Prof. Dr. V. Faust, 120 S., 8 Farb-
tafeln, 31 zweifarbige Abbildungen und
Tabellen, kartoniert. ●●

Heilatmen
Ein Weg zu Lebenskraft und innerer
Harmonie
(1047-8) Von K. Schutt, 112 S., 57 zweifarbige Abb., kartoniert. ●●●

Bewährte Naturheilverfahren bei
Asthma und Bronchitis
(1083-4) Von G. Leibold, 112 S., kartoniert. ●

Kneippkuren zu Hause
(0779-5) Von G. Leibold, 112 S., 25 Zeichnungen, kartoniert. ●

Entspannung und Schmerz inderung durch
Massage
(0750-7) Von B. Rumpler, K. Schutt, 112 S.,
16 zweifarbige Zeichnungen, kart. ●

Besser sehen durch Augentraining
Ein Gesundheitsprogramm zur Verbesserung
des Sehvermögens.
(0914-3) Von K. Schutt, B. Rumpler, 96 S., 32
s/w-Zeichnungen, kart. ●

Bewährte Naturheilverfahren bei
Herz-Kreislauf-Erkrankungen
(1084-2) Von Dr. med. O. Wolff, G. Leibold,
104 S., kartoniert. ●

Krebsangst und Krebs behandeln
Mit einem Vorwort von Prof. Dr. med. Friedrich Douwes. (0839-2) Von G. Leibold,
104 S., kart. ●

Bewährte Naturheilverfahren bei
Krebs
(1082-6) Hrsg. H.-R. Heiligtag, 88 S., kartoniert. ●

Hypnose und Autosuggestion
Methoden - Heilwirkungen - praktische
Beispiele. (0483-4) Von G. Leibold, 120 S.,
9 Illustrationen, kart. ●

Bewährte Naturheilverfahren bei
Migräne und Schlafstörungen
(1081-8) Von G. Leibold, Dr. med. H. Chr.
Scheiner, 112 S. kartoniert. ●

Gesunder Schlaf
Schlafstörungen ohne Medikamente erfolgreich behandeln
(1036-2) Von D. H. Alke, 88 S., 22 s/w-Abb.,
mit Audiokassette, kartoniert. ●●●

Akupressur zur Eigenbehandlung
(0417-6) Von G. Leibold 112 S., 78 Abb.,
kart. ●

Enzyme
Vitalstoffe für die Gesundheit
(0677-2) Von G. Leibold, 96 S., kart. ●

Fußsohlenmassage
Heilanzeigen · Technik - Selbsthilfe
(0714-0) Von G. Leibold, 96 S., 38 Zeichnungen, kart. ●

Rheuma behandeln und lindern
Mit einem Vorwort von Dr. med. Max-Otto-
Bruker. (0836-8) Von G. Leibold, 96 S.,
kart. ●

Heilfasten
Entschlacken · Regenerieren · Abnehmen
(0713-2) Von G. Leibold, 96 S., kart. ●

Besser leben durch Fasten
(0841-4) Von G. Leibold, 96 S., kart. ●

Die echte Schroth-Kur
(0797-3) Von Dr. med. R. Schroth, 88 S.,
2 s/w-Fotos, kart. ●

Allergien behandeln und lindern
Mit einem Vorwort von Prof. Dr. med. Axel
Stemmann.
(0840-6) Von G. Leibold, 96 S., 4 Zeichnungen, kart. ●

Entspannung
(0834-) Von Dr. med. Chr. Schenk, 88 S.,
29 Zeichnungen, kart. ●

Erfolg und Lebensfreude durch
Autogenes Training und Psycho-
kybernetik
(1035-4) Von D. H. Alke, 80 S., 2 s/w-Zeich-
nungen, mit Audiokassette, kartoniert. ●●●

Autogenes-Training
Anwendung · Heilwirkungen · Methoden
(0541-5) Von R. Faller, 112 S., 3 Zeichn.,
kart. ●

Chinesische Naturheilverfahren
Selbstbehandlung mit bewährten Methoden
der physikalischen Therapie. Atemtherapie ·
Heilgymnastik · Selbstmassage · Vorbeugen ·
Behandeln · Entspannen.
(4247-7) Von FT. Lie, 160 S., 292 zweifarbige Zeichnungen, Pappband. ●●●

Chinesisches Schattenboxen
Tai-Ji-Quan
für geistige und körperliche Harmonie
(0850-3) Von F. T. Lie, 120 S., 221 s/w-Fotos,
9 s/w-Zeichnungen, Beilage: 1 s/w-Poster mit
zahlreichen Abbildungen, kart. ●●

Fit mit **Tai Chi**
als sanfte Körpererfahrung
(2305-7) Von B. und K. Moegling, 112 S.,
121 Farbfotos, 6 Farbzeichnungen, kart. ●●

Yoga
Weg zur Harmonie
(4417-8) Von A. Harf, W. von Rohr, 176 S.,
171 Farbfotos, 12 s/w-Zeichnungen,
Pbd. ●●●●

Bauch, Taille und Hüfte gezielt formen durch
Aktiv-Yoga
(0709-4) Von K. Zebroff, 112 S., 102 Farbfotos, kart. ●●

Yoga für Jeden
(0341-2) Von K. Zebroff. 156 S., 135 Abb.,
Spiralbindung. ●●●

Yoga gegen Haltungsschäden und
Rückenschmerzen
(0394-3) Von A. Raab, 104 S., 215 Abb.,
kart. ●

Chinesische Punktmassage
Akupressur
(4419-8) Von FT. Lie, 192 S., 332 zweifarbige
Abb., Pappband. ●●●

Shiatsu-Massage
Harmonisierung der Energieströme im
Körper
(0615-2) Von G. Leibold, 196 S.,
180 Abb., kart. ●●●

Diät bei Darmkrankheiten
Durchfall - Divertikulose, Reizdarm und
Darmträgheit - einheimische Sprue (Zöllakie)
- Disacchariasemangel - Dünndarmresek-
tion - Dumping Syndrom. Rezeptteil von B.
Zöllner. (3211-0) Von Prof. Dr. med. R. Stroh-
meyer, 88 S., 4 Farbtafeln, kart. ●●

Ballaststoffreiche Kost bei Funktions-
störungen des Darms
Rezeptteil von B. Zöllner.
(3212-9) Von Prof. Dr. med. H. Kasper, 96 S.,
34 Farbfotos, 1 s/w-Foto, kart. ●●

Diät bei Krankheiten des Magens und
Zwölffingerdarms
Rezeptteil von B. Zöllner. (3201-3) Von Prof.
Dr. med. H. Kaess, 96 S., 35 Farbfotos,
1 s/w-Zeichnung, kart. ●●

Diät bei Krankheiten der Gallenblase,
Leber und Bauchspeicheldrüse
Rezeptteil von B. Zöllner.
(3207-2) Von Prof. Dr. med. H. Kasper, 88 S.,
35 Farbfotos, 1 s/w-Zeichnung, kart. ●●

Diät bei Übergewicht
Rezeptteil von B. Zöllner.
(3209-9) Von Prof. Dr. med. Ch. Keller, 104
S., 42 Farbfotos, 3 s/w-Zeichnungen, kart. ●●

Diät bei Gicht und Harnsäuresteinen
Rezeptteil von B. Zöllner.
(3205-6) Von Prof. Dr. med. N. Zöllner, ca.
100 S., ca. 40 Farbtafeln, kart. ●●

Diät bei Herzkrankheiten und Bluthoch-
druck
Rezeptteil von B. Zöllner. (3202-1) Von Prof.
Dr. med. R. Rottka, 92 S., 4 Farbtafeln,
kart. ●●

Richtige Ernährung wenn man älter wird
Rezeptteil von B. Zöllner. (3204-8) Von Prof.
Dr. med. H.-J. Pusch. 96 S., 36 Farbfotos und
3 s/w-Zeichnungen, kart. ●●

Diät bei Erkrankungen der Nieren, Harn-
wege und bei Dialysebehandlung
Rezeptteil von B. Zöllner. (3203-X) Von Prof.
Dr. med. Dr. h. c. H. J. Sarre und PD Dr.
med. R. Kluthe, 96 S., 33 Farbfotos,
1 s/w-Zeichnung, kart. ●●

Diät bei Zuckerkrankheit
Rezeptteil von B. Zöllner. (3206-4) Von Prof.
Dr. med. P. Dieterle, 112 S., 42 Farbfotos,
4 vierfarbige Vignetten, 1 s/w-Zeichnung,
kart. ●●

Die aktuelle Colesterin-Tabelle
(1088-5) Hersg. von Dr. H. Oberritter, 84 S.,
1 zweifarbige Grafiks, kartoniert. ●

Kochen für Diabetiker
Gesund und schmackhaft für die ganze
Familie. (4132-2) Von M. Toeller, W. Schumacher, A. C. Groote, 224 S., 109 Farbfotos,
94 Zeichnungen, Pappband. ●●●

Neue Rezepte für **Diabetiker-Diät**
Vollwertig - abwechslungsreich - kalorien-
arm. (0418-4) Von M. Oehlrich, 96 S., 8 Farbtafeln, kart. ●

Diät bei Störungen des Fettstoffwechsels
und zur Vorbeugung der Arteriosklerose
Rezeptteil von B. Zöllner. (3208-0) Von Prof.
Dr. med. G. Wolfram, ca. 100 S., ca. 40 Farbfotos, kartoniert. ●●

Garten und Tiere

Garten heute
Der moderne Ratgeber · Über 1000 Farb-
bilder. (4283-3) Von H. Jantra, 384 S., über
1000 Farbabb., Pappband. ●●

Blütenpracht in Haus und Garten
Der große praktische Ratgeber mit über
1000 farbigen Abb.
(4145-4) Von M. Haberer, u.a. 352 S., 1012
Farbfotos, Pbd. ●●●●

1000 ganz bewährte Garten-Tips
(4453-1) Von H. Jantra, 320 S., 288 zweifarbige und 62 s/w-Zeichnungen, Pappband.
●●●

Blütenpracht aus winterharten Blumenzwiebeln
(0772-8) Von H. Lass, 112 S., 120 Farbfotos und Zeichungen, kart. ●●

Erfolgstips für den Obstgarten
Gesunde Früchte durch richtige Sortenwahl und Pflege.
(0827-9) Von F. Mühl, 184 S., 16 Farbtafeln, 33 Zeichnungen, kart. ●●

Erfolgstips für den Gemüsegarten
Mit naturgemäßem Anbau zu höherem Ertrag. (0674-8) Von F. Mühl, 80 S., 30 s/w-Fotos, 4 Zeichnungen, kart. ●

Mischkultur im Nutzgarten
Mit anschaulichen Anbauplänen
(0651-9) Von H. Oppel, 112 S., 8 Farbtafeln, 23 s/w-Fotos, 29 Zeichnungen, kart. ●

Der richtige Schnitt von Obst- und Ziergehölzen, Rosen und Hecken
(0619-5) Von E. Zettl, 88 S., 8 Farbtafeln, 39 Farb- und 21 s/w-Fotos, kart. ●

Gesunde Zierpflanzen im Garten
Krankheiten erkennen und behandeln
Mit neuem Diagnose-System
(4429-1) Von Prof. Dr. G. Stelzer, 208 S., 456 Farbfotos, 5 s/w- und 5 Farbzeichnungen, Pappband. ●●●●

Erfolgstips für den Ziergarten
Schmuckpflanzen und Rasen richtig pflegen
(0930-5) Von F. Mühl, 156 S., 12 Farbtafeln, 26 s/w-Zeichnungen, kart. ●●

Erfolgreich gärtnern mit
Frühbeet und Folie
(0828-7) Von Dr. Gustav Schoser, 88 S., 8 Farbtafeln, 46 s/w-Fotos, kart. ●

Das Bio-Gartenjahr
Arbeitsplan für naturgemäßes Gärtnern
(4169-1) Von N. Jorek, 128 S., 8 Farbtafeln, 70 s/w-Abb., kart. ●●

Erfolgreich gärtnern
durch naturgemäßen Anbau
(4252-3) Von I. Gabriel, 416 S., 176 Farbfotos, 212 Farbzeichnungen, Pappband. ●●●

Leben im Naturgarten
Der Biogärtner und seine gesunde Umwelt
(4124-1) Von N. Jorek, 128 S., 68 s/w-Fotos, kart. ●●

Aktion Garten ohne Gift
Gesunde Umwelt durch natürlichen Pflanzenschutz
Ein Praxis-Handbuch von E. Hoplitschek u. B.M. Tegethoff. (4425-9) 176 S., 250 Farbfotos, 36 Farb- und 29 s/w-Zeichn., Pbd. ●●●●

So wird mein Garten zum Biogarten
Alles über die Umstellung auf naturgemäßen Anbau.
(0706-X) Von I. Gabriel, 128 S., 73 Farbfotos, 54 Farbzeichnungen, kart. ●●

Neuanlage eines Biogartens
Planung, Bodenvorbereitung, Gestaltung
(0721-3) Von I. Gabriel, 128 S., 73 Farbfotos, 39 Zeichnungen, kart. ●●

Gesunde Pflanzen im Biogarten
Biologische Maßnahmen bei Schädlingsbefall und Pflanzenkrankheiten.
(0707-8) Von I. Gabriel, 128 S., 126 Farbfotos, kart. ●●

Obst und Beeren im Biogarten
Gesunde und schmackhafte Früchte durch natürlichen Anbau. (0780-9) Von I. Gabriel, 128 S., 109 Farbabb., kart. ●●

Gemüse im Biogarten
Gesunde Ernte durch natürlichen Anbau
(0830-9) Von I. Gabriel, 128 S., 26 Farbfotos, 86 Farbzeichnungen, kart. ●●

Kräuter und Heilpflanzen im Biogarten
Gesunde Ernte durch natürlichen Anbau
(0929-1) Von I. Gabriel, 112 S., 63 Farbfotos, 19 Farbzeichnungen, kart. ●●

Der biologische Zier- und Wohngarten
Planen, Vorbereiten, Bepflanzen und Pflegen
(0748-5) Von I. Gabriel, 128 S., 72 Farbfotos, 46 Farbzeichnungen, kart. ●●

Kosmische Einflüsse auf unsere Gartenpflanzen
Sterne beeinflussen Wachstum und Gesundheit der Pflanzen. (0708-6) Von I. Gabriel, 112 S., 100 Farbabb., kart. ●●

Natürlich gärtnern unter Glas und Folie
Anbauen und ernten rund ums Jahr.
(0722-1) Von I. Gabriel, 128 S., 107 Farbabb., kart. ●●

Speisepilze aus eigener Zucht
Anbau · Pflege · Zubereitung
(0909-7) Von U. Groos, 72 S., 8 Farbtafeln, 16 s/w-Zeichnungen, kart. ●

Dekorative **Kübelpflanzen**
Auswahl und Pflege
(1074-5) Von H. Jantra, 112 S., ca. 180 Farbfotos, 35 Farbzeichnungen, kartoniert. ●●

Blütenpracht auf Balkon und Terrasse
(0928-3) Von M. Haberer, 88 S., 139 Farbfotos, kart. ●●

Gemüse, Kräuter, Obst aus dem Balkongarten
- Erfolgreich ernten auf kleinstem Raum
(0694-2) Von S. Stein, 32 S., 34 Farbfotos, 6 Zeichnungen, Spiralbindung, kart. ●

Grabgestaltung
Bepflanzung und Pflege zu jeder Jahreszeit
(5120-4) Von N. Uhl, 64 S., 77 Farbfotos, 2 Zeichnungen, Pappband. ●●

Kleingärten
Planen · Anlegen · Pflegen
(1015-X) Von H. Jantra, 88 S., 123 Farbfotos, 1 s/w-Foto, 14 Farbzeichnungen, kart. ●●

Reihenhausgärten
Planen · Anlegen · Pflegen
(1016-8) Von H. Jantra, 104 S., 134 Farbfotos, 45 Farbzeichnungen, kart. ●●

Steingärten Wirkungsvoll gestalten und sachgerecht pflegen
(4452-6) Von A. Throll-Keller, 128 S., 203 Farbfotos, 56 Farbzeichnungen, Pappband. ●●●●

Gartenteiche, Tümpel und Weiher
naturnah anlegen und pflegen
(1073-7) Von Dr. F. Liedl, H. Goos, 80 S., ca. 60 Farbfotos, ca. 40 Farbzeichnungen, kartoniert. ●●

Wasser im Garten
Von der Vogeltränke zum Naturteich - Natürliche Lebensräume selbst gestalten.
(4230-2) Von H. Hendel, P. Keßeler, 240 S., 315 Farbabb., 11 s/w-Fotos, Pappband. ●●●●●

Mein kleiner Gartenteich
planen – anlegen – pflegen
(0851-1) Von I. Polascheck, 144 S., 108 Farbabb., 6 s/w-Zeichnungen, kart. ●●

Häuser in lebendigem Grün
Fassaden und Dächer mit Pflanzen gestalten
(0846-5) Von U. Mehl, K. Werk, 88 S., 116 Farbfotos, 4 Farb- und 17 s/w-Zeichn., kart. ●●

Wintergärten
Das Erlebnis, mit der Natur zu wohnen
Planen, Bauen und Gestalten.
(4256-6) Von LOG ID, 136 S., 130 Farbfotos, 107 Zeichnungen, Pappband. ●●●●

Rund ums Jahr erfolgreich gärtnern
Gewächshäuser
planen · bauen · einrichten · nutzen
(4408-9) Von Dr. G. Schoser, J. Wolff, 232 S., 368 Farbabb., 5 s/w-Fotos, Pappband. ●●●●●

Ziergräser
Über 100 Arten erfolgreich kultivieren
(0829-5) Von H. Jantra, 104 S., 73 Farbfotos, 6 Farbzeichnungen, kart. ●●

Das moderne Handbuch **Zimmerpflanzen**
(4416-X) Von H. Jantra, 304 S., 766 Farbfotos, 64 Farb-und 19 s/w-Zeichn., Pappband. ●●●●

365 Erfolgstips für schöne Zimmerpflanzen
(0893-7) Von H. Jantra, 144 S., 215 Farbfotos, kart. ●●

Prof. Stelzers grüne Sprechstunde
Gesunde Zimmerpflanzen
Krankheiten erkennen und behandeln ·
Mit neuem Diagnosesystem.
(4274-4) Von Prof. Dr. G. Stelzer, 192 S., 410 Farbfotos, 10 s/w-Zeichnungen, Pappband. ●●●●

Hydrokultur
Pflanzen ohne Erde - mühelos gepflegt
(0944-5) Von H.-A. Rotter, 144 S., 167 Farbfotos, 13 Farbzeichnungen, kart. ●●

Zimmerpflanzen in Hydrokultur
Leitfaden für problemlose Blumenpflege.
(0660-8) Von H.-A. Rotter, 32 S., 76 Farbfotos, 8 farbige Zeichn., Pappband. ●

Zimmerbäume, Palmen und andere Blattpflanzen
Standort, Pflege, Vermehrung, Schädlinge
(5111-5) Von G. Schoser, 96 S., 98 Farbfotos 7 Zeichnungen, Pappband. ●●

Bonsai Japanische Miniaturbäume und Miniaturlandschaften. Anzucht, Gestaltung und Pflege.
(4091-1) Von B. Lesniewicz, 160 S., 106 Farbfotos, 46 s/w-Fotos, 115 Zeichnungen, gebunden. ●●●●●

Keime, Sprossen, Küchenkräuter
am Fenster ziehen - rund ums Jahr
(0658-6) Von F. und H. Jantzen, 32 S., 55 Farbfotos, Pappband. ●

Falken-Handbuch Orchideen
Lebensraum, Kultur, Anzucht und Pflege.
(4231-0) Von G. Schoser, 144 S., 121 Farbfotos, 28 Farbzeichnungen, Pappband. ●●●

Fibel für Kakteenfreunde
(0199-1) Von H. Herold, 102 S., 23 Farbfotos 37 s/w-Abb., kart. ●

Kakteen und andere Sukkulenten
300 Arten mit über 500 Farbfotos.
(4116-0) Von G. Andersohn, 316 S., 520 Farbfotos, 193 Zeichnungen, Pappband ●●●●

Grzimek Juniors **BUNTE TIERWELT**
(4295-7) Von Chr. Grzimek, 208 S., 308 Farbfotos, Pappband. ●●●

Falken-Handbuch Hunde
(4118-7) Von H. Bielfeld, 176 S., 222 Farb- und 73 s/w-Abb., Pappband. ●●●●

Das neue Hundebuch
Rassen · Aufzucht · Pflege
(0009-X) Von W. Busack, überarbeitet von Dr. med. vet. A. H. Hacker und H. Bielfeld, 112 S., 8 Farbt., 27 s/w-Fotos, 6 Zeichn., kart. ●

Hundeausbildung
Verhalten - Gehorsam - Ausbildung
(0346-X) Von Prof. Dr. R. Menzel, 88 S., 19 Fotos, kart. ●

Grundausbildung für Gebrauchshunde
Schäferhund, Boxer, Rottweiler, Dobermann Riesenschnauzer, Airedaleterrier, Hovawart und Bouvier.
(0801-5) Von M. Schmidt und W. Koch, 104 S., 8 Farbtafeln, 51 s/w-Fotos, 15 Zeichnungen, kart. ●

Der Hund in der Familie
(1014-1) Von J. Werner, 128 S., 106 Farbfotos kartoniert. ●●

Der Deutsche Schäferhund
Aufzucht, Pflege und Ausbildung.
(0073-1) Von A. Hacker, 104 S., 56 Abb., kart. ●

10

Alles über junge Hunde
(0863-5) Von Dr. med. vet. E.M. Bartenschlager, 64 S., 49 Farbfotos, 6 Zeichnungen, kart. ●

Richtige Hundeernährung
(0811-2) Von Dr. med. vet. E.M. Bartenschlager, 80 S., 51 Farbfotos, 4 Farbzeichn., kart. ●

Hundekrankheiten
(1077-X) Von Dr. med. vet. F. Spangenberg, 96 S., 44 Farb- und 1 s/w-Foto, 22 Farbzeichnungen, kartoniert. ●●

Falken-Handbuch Katzen
(4158-6) Von B. Gerber, 176 S., 294 Farb- und 88 s/w-Fotos, Pappband. ●●●●

Das neue Katzenbuch
Rassen · Aufzucht · Pflege.
(0427-3) Von B. Eilert-Overbeck, 120 S., 14 Farbfotos, 26 s/w-Fotos, kart. ●

Junge Katzen
(0862-7) Von Dr. med. vet. E.M. Bartenschlager, 72 S., 40 Farbf., 4 Farbzeichn., kart. ●

Falken-Handbuch Pferde
(4186-1) Von H. Werner, 176 S., 196 Farb- und 50 s/w-Fotos, 100 Zeichn., Pappband. ●●●●

Reiten im Bild
(0415-X) Von H. Werner, 128 S., 142 Farbfotos, 107 Farbzeichn., kartoniert. ●●

Der Hobby-Imker
(0978-X) Von Dr. R.F.A. Moritz, 144 S., 106 zweifarbige Zeichnungen, kart. ●●

Geflügelhaltung als Hobby
(0749-3) Von M. Baumeister, H. Meyer, 184 S., 8 Farbtafeln, 47 s/w-Fotos, 15 zweif. Zeichnungen, kart. ●●

Sittiche und kleine Papageien
(0864-3) Von Dr. med. vet. E.M. Bartenschlager, 88 S., 84 Farbfotos, 9 Zeichnungen, kart. ●

Alles über Kanarienvögel
(0901-1) Von H. Schnoor, 64 S., 58 Farbfotos und Zeichnungen, kartoniert. ●

Die Tiersprechstunde
Artgerechte Vogelfütterung im Winter
(0908-9) Von Dr. W. Keil 64 S., 51 Farbfotos und Zeichnungen, kartoniert. ●

Papageien und Sittiche
Arten · Pflege · Sprechunterricht
(0591-1) Von H. Bielfeld, 112 S., 8 Farbtafeln, kart. ●

Süßwasser-Aquarium
(4191-8) Von H. J. Mayland, 288 S., 564 Farbfotos, 75 Zeichnungen, Pappband. ●●●●

Das Süßwasser-Aquarium
Einrichtung · Pflege · Fische · Pflanzen
(0153-3) Von H. J. Mayland, 152 S., 16 Farbtafeln, 8 Farbfotos, kart. ●●

Die Tiersprechstunde
Gesunde Fische im Süßwasseraquarium
(1013-3) Von H. J. Mayland, 96 S., 73 Farbfotos, 10 Zeichng., kartoniert. ●

Tiere im Wassergarten
(0808-2) Von Dr. med. vet. E.M. Bartenschlager, 96 S., 84 Farbf., 7 Zeichn., kart. ●

Die Tiersprechstunde
Alles über Zwerg- und Goldhamster
(1012-5) Von M. Mettler, 96 S., 96 Farbfotos, kartoniert. ●

Alles über Meerschweinchen
(0809-0) Von Dr. med. vet. E.M. Bartenschlager, 72 S., 43 Farbf., 11 Farbzeich., kart. ●

Alle über Igel in Natur und Haus
(0810-4) Von Dr. med. vet. E.M. Bartenschlager, 68 S., 51 Farbfotos, kart. ●

Falken-Handbuch Umweltschutz
Das Öko-Testbuch zur Eigeninitiative.
(4160-8) Von M. Häfner, 352 S., 411 Farbf., 152 Farbzeichnungen, Pappband. ●●●●

Rat und Wissen

Traumreisen
Unterwegs auf den schönsten Straßen der Welt
(4468-2) Von T. Pehle, 192 S., 312 Farbfotos, 12 Übersichtskarten, Pappband. ●●●●

Vom Morgenland ins Reich der Abendgöttin
Lebensbilder aus dem Nahen und Fernen Osten
(4449-6) Von J. Schneider, H. Schoen, 160 S., 266 Farbfotos, 1 farbige Karte, Pappband. ●●●●

Keinen Mann um jeden Preis
Das neue Selbstverständnis der Frau in der Partnerbeziehung
(4440-2) Von Shere Hite, Kate Colleran, 208 S., Pappband. ●●●

Haushaltstips praktisch und umweltfreundlich
(1046-X) Von K. Winkell, 96 S., 36 Zeichnungen, kartoniert. ●

Umgangsformen heute
Die Empfehlungen des Fachausschusses für Umgangsformen (4015-6) 252 S., 108 s/w-Fotos, 17 Zeichnungen, Pappband. ●●●

Benehmen bei Tisch
(0988-7) Von I. Cording, 80 S., 90 Farbfotos, 5 s/w-Zeichnungen, kart. ●●

Der gute Ton
in Gesellschaft und Beruf
(0063-4) Von I. Wolter, 80 S., 42 s/w-Fotos, 7 Zeichnungen, kartoniert. ●

Familienforschung · Ahnentafel · Wappenkunde
Wege zur eigenen Familienchronik
(0744-2) Von P. Bahn, 128 S., 8 Farbtafeln, 30 Abbildungen, kart. ●●

Wie soll es heißen?
(0211-4) Von D. Köhr, 136 S., kart. ●

Die Silberhochzeit
Vorbereitung · Einladung · Geschenkvorschläge · Dekoration · Festablauf · Menüs · Reden · Glückwünsche. (0542-3) Von K.F. Merkle, 112 S., 41 Zeichnungen, kart. ●

Wir feiern Hochzeit
Phantasievolle und moderne Festgestaltung
(0943-7) Von H.J. Winkler, 112 S., kart. ●

Wir heiraten
Ratgeber zur Vorbereitung und Festgestaltung der Verlobung und Hochzeit. (4188-8) Von C. Poensgen, 216 S., 8 s/w-Fotos, 30 s/w-Zeichn., 8 Farbt., Pappband. ●●●●

Von der Verlobung zur Goldenen Hochzeit
(0393-5) Von E. Ruge, 112 S., kart. ●

Hochzeits- und Bierzeitungen
Muster, Tips und Anregungen. (0288-2) Von H.-J. Winkler, mit vielen Text- und Gestaltungsanregungen, 116 S., 15 Abb., 1 Musterzeitung, kart. ●

Moderne Korrespondenz
Handbuch für erfolgreiche Briefe
(4014-8) Von H. Kirst und W. Manekeller, 544 S., Pappband. ●●●●

Der richtige Brief
zu jedem Anlaß
Das moderne Handbuch mit 400 Musterbriefen
(4179-9) Von H. Kirst, 376 S., Pappband. ●●●

Musterbriefe
für alle Gelegenheiten. (0231-9) Hrsg. von O. Fuhrmann, 240 S., kart. ●●

Privatbriefe
Muster für alle Gelegenheiten. (0114-2) Von I. Wolter-Rosendorf, 112 S., kart. ●

Der neue Briefsteller
Musterbriefe für alle Gelegenheiten.
(0060-X) Von I. Wolter-Rosendorf, 96 S., kart. ●

Erfolgstips für den Schriftverkehr
Briefgestaltung · Rechtschreibung · Zeichensetzung · Stil. (0678-0) Von U. Schoenwald, 112 S., kart. ●

Geschäftliche Briefe
des Privatmanns, Handwerkers, Kaufmanns
(0041-3) Von A. Römer, 124 S., kart. ●

Behördenkorrespondenz
Musterbriefe · Anträge · Einsprüche
(0412-5) Von E. Ruge, 112 S., kart. ●

FALKEN-Software
TEXAD
Das komfortable Korrespondenzprogramm für den privaten und geschäftlichen Bereich
(7017-9) 2 Disketten für IBM-PC + Kompatible, 5 1/4'', mit Begleitheft, Einführungspreis: DM 198,–*, S 1980,–*, SFr 193,30 bis 11.10.1990, danach DM 258,–*, S 2580,–*, SFr 251,70.
(7048-7) Diskette 3 1/2'', mit Handbuch. ●●●●●*
(7049-7) Demo-Version 5 1/4'', o. Handbuch. ●●*
(7050-0) Demo-Version 3 1/2'', o. Handbuch. ●●*

Worte und Briefe der Anteilnahme
(0464-8) Von E. Ruge, 96 S., mit vielen Abb., kart. ●

Briefe zu Geburt und Taufe
Glückwünsche und Danksagungen. (0802-3) Von H. Beitz, 96 S., 12 Zeichnungen, kart. ●

Briefe zum Geburtstag
Glückwünsche und Danksagungen. (0822-8) Von H. Beitz, 104 S., 22 Zeichnungen, kart. ●

Briefe der Liebe
Anregungen für gefühlvolle und zärtliche Worte. (0903-8) Hrsg. von H. Beitz, 96 S., 4 Zeichnungen, kart. ●

Briefe zur Hochzeit
Glückwünsche und Danksagungen.
(0852-X) Von R. Röngen, 96 S., 1 Zeichnung, 39 Vignetten, kart. ●

Reden und Ansprachen
für jeden Anlaß. (4009-1) Hrsg. von F. Sicker, 454 S., gebunden. ●●●●

Die Kunst der freien Rede
Ein Intensivkurs mit vielen Übungen, Beispielen und Lösungen.
(4189-6) Von G. Hirsch, 232 S., 11 Zeichnungen, Pappband. ●●●

Die überzeugende Rede
Mehr Erfolg durch bessere Rhetorik
(0076-6) Von K. Wolter, G. Kunz, 96 S., kart. ●

Festreden und Vereinsreden
Muster für alle Gelegenheiten
(0069-3) Von K. Lehnhoff, E. Ruge, 96 S., kart. ●

Trinksprüche, Gästebuchverse, Richtsprüche
(0224-6) Von D. Kellermann, 96 S., kart. ●

Trinksprüche
Fest- und Damenreden in Reimen
(0791-4) Von I. Metzner, 96 S., 14 s/w-Zeichnungen, kart. ●

Glückwünsche, Toasts und Festreden zur Hochzeit
(0264-5) Von I. Wolter, 112 S., 18 Zeichnungen, kart. ●

Reden zur Taufe, Kommunion und Konfirmation
(0751-5) Von G. Georg, 96 S., kart. ●

Reden zur Hochzeit
Musteransprachen für Hochzeitstage
(0654-3) Von G. Georg, 112 S., kart. ●

Reden zu Familienfesten
Musteransprachen für viele Gelegenheiten (0675-6) Von G. Georg, 112 S., kart. ●

Reden zum Geburtstag
Musteransprachen für familiäre und offizielle Anlässe. (0773-6) Von G. Georg, 96 S., kart. ●

Reden im Verein
Musteransprachen für viele Gelegenheiten (0703-5) Von G. Georg, 112 S., kart. ●

Reden zum Jubiläum
Musteransprachen für viele Gelegenheiten (0595-4) Von G. Georg, 112 S., kart. ●

Reden und Sprüche zu Grundstein-legung, Richtfest und Einzug
(0598-0) Von A. Bruder, G. Georg, 96 S., kart. ●

Reden zum Ruhestand
Musteransprachen zum Abschluß des Berufslebens (0790-6) Von G. Georg, 104 S., kart. ●

Neue Glückwunschfibel
für groß und klein. (0156-8) Von R. Christian-Hildebrandt, 96 S., 13 Vignetten, kart. ●

Großes Buch der Glückwünsche
(0255-6) Hrsg. von O. Fuhrmann, 176 S., 77 Zeichnungen und viele Gestaltungsvorschläge, kart. ●●

Herzliche Glückwünsche!
Die schönsten Gedichte und Texte für viele Gelegenheiten. (0942-9) Hrsg. Von B.H. Bull, 256 S., 50 Zeichnungen, Pappband. ●●

Der Verseschmied
Kleiner Leitfaden für Hobbydichter. Mit Reimlexikon. (0597-0) Von T. Parisius, 96 S., 28 Zeichnungen, kart. ●

Verse fürs Poesiealbum
(0241-6) Von I. Wolter, 96 S., 20 Abb., kart. ●

Rosen, Tulpen, Nelken…
Beliebte Verse fürs Poesiealbum
(0431-1) Von W. Pröve, 96 S., 11 Faksimile-Abb., kart. ●

Kindergedichte zur grünen, silbernen und goldenen Hochzeit
(0318-8) Von H.-J. Winkler, 104 S., 20 Abb., kart. ●

Glückwunschverse für Kinder
(0277-7) Von B. Ulrici, 80 S., kart. ●

Kindergedichte für Familienfeste
(0860-0) Von B.H. Bull, 96 S., 20 Zeichnungen, kart. ●

Kindergedichte rund ums Jahr
(1040-0) Von A. Schweiggert, 80 S., 49 Zeichnungen, 6 Vignetten, kartoniert. ●

Ins Gästebuch geschrieben
(0576-0) Von K.H. Trabeck, 96 S., 24 Zeichnungen, kart. ●

Die schönsten Wander- und Fahrtenlieder
(0462-1) Hrsg. Von F.R. Miller, empfohlen vom Deutschen Sängerbund, 80 S., mit Noten und Zeichnungen, kart. ●

Die schönsten Volkslieder
(0432-X) Hrsg. Von D. Walther, 128 S., mit Noten und Zeichnungen, kart. ●

Erziehungsgeld, Mutterschutz, Erziehungsurlaub
Das neue Recht für Eltern (0835-X) Von J. Grönert, 144 S., kart. ●

Liebe ja – Ehe nein
Die nichteheliche Lebensgemeinschaft (1071-0) Von T. Drewes, 104 S., 8 s/w-Zeichnungen, kartoniert. ●

Scheidung und Unterhalt
nach dem neuen Eherecht. (0403-6) Von T. Drewes, 112 S., mit Kosten und Unterhaltstabellen, kart. ●

Was heißt hier minderjährig?
(0765-5) Von R. Rathgeber, C. Rummel, 148 S., 50 Fotos, 25 Zeichnungen, kart. ●●

Testament und Erbschaft
Erbfolge, Rechte und Pflichten der Erben, Erbschafts-und Schenkungssteuer, Mustertestamente. (4139-X) Von T. Drewes, R. Hollender, 304 S., Pappband. ●●●

Erbrecht und Testament
Mit Erläuterungen der Erbschaftssteuergesetzes von 1974. (0046-4) Von Dr. jur. H. Wandrey, 124 S., kart. ●

Der letzte Wille
Ratgeber für Erblasser, Erben und Hinterbliebene in Rechts-, Versorgungs- und Steuererfragen
(0939-9) Von T. Drewes, 136 S., 9 s/w-Zeichnungen, kart. ●

Mietrecht
Leitfaden für Mieter und Vermieter (0479-5) Von J. Beuthner, 196 S., kart. ●●

Präzise Ratschläge für **Ihre optimale Rente** Vorbereitung · Berechnungsgrundlagen · Gesetzesänderungen · Individuelle Rechenbeispiele. (0806-6) Von K. Möcks, 96 S., 24 Formulare, 1 Graphik, kart. ●●

Das große farbige Kinderlexikon
(4195-0) Von U. Kopp, 320 S., 493 Farbabb. 17 s/w-Fotos, Pappband. ●●●

Gitarre spielen
Ein Grundkurs für den Selbstunterricht (0534-2) Von A. Roßmann, 96 S., 1 Schallfolie, 150 Zeichnungen, kart. ●●●

So lernt man leicht und schnell
Maschinenschreiben
Lehrbuch für Schulen, Lehrgänge und Selbstunterricht. (0568-7) Von M. Kempkes, 112 S., 48 Zeichnungen, kart. ●●

FALKEN-Software
Maschinenschreiben
In 10 Tagen spielend gelernt. Von Unterrichtsmedien Hoppius. (7008-3) Diskette für den C 64 und C 128 PC ●●●●*

FALKEN-Software
Maschinenschreiben und Tastaturtraining für Computer
(7009-8) Von B. Hoppius, Diskette 5 1/4'' u. 3 1/2'' für IBM PC + Kompatible, mit Begleitheft. ●●●●●*

Maschinenschreiben im Selbstunterricht
(0170-3) Von A. Fonfara, 88 S., kart. ●

Buchführung leicht gemacht
Ein methodischer Grundkurs für den Selbstunterricht. (4238-8) Von D. Machenheimer, R. Kersten, 252 S., Pappband. ●●●

Buchführung leicht gefaßt
Für Handwerker, Gewerbetreibende und freiberuflich Tätige. (0127-4) Von R. Pohl. 104 S., kart. ●

Stenografie leicht gelernt
im Kursus oder Selbstunterricht (0266-1) Von H. Kaus, 64 S., kart. ●

Erfolgreiche Bewerbung um einen Ausbildungsplatz
(0715-9) Von H. Friedrich, 128 S., kart. ●

Bewerbungsstrategien
Erfolgreiche Konzepte für Karrierebewußte (1027-3) Von Dr. W. Reichel, 128 S., kartoniert. ●●

Die Bewerbung
Der moderne Ratgeber für Bewerbungsbriefe, Lebenslauf und Vorstellungsgespräche. (4138-1) Von W. Manekeller, 264 S., Pappband. ●●

Lebenslauf und Bewerbung
Beispiele für Inhalt, Form und Aufbau (0428-1) Von H. Friedrich, 112 S., kart. ●

Die erfolgreiche Bewerbung
Bewerbung und Vorstellung. (0173-8) Von W. Manekeller, U. Schoenwald, 144 S., kart. ●●

Erfolgreiche Bewerbungsbriefe und Bewerbungsformen
(0138-X) Von W. Manekeller, U. Schoenwald, 88 S., kart. ●

Die Handschrift als Spiegel des Charakters Graphologie
(1025-7) Von Dr. W. Busch, 104 S., 87 Schriftproben, kartoniert. ●

Vorstellungsgespräche
sicher und erfolgreich führen. (0636-5) Von H. Friedrich, 144 S., kart. ●

Keine Angst vor Einstellungstests
Ein Ratgeber für Bewerber. (0793-6) Von Ch. Titze. 120 S., 67 Zeichnungen, kart. ●

FALKEN-Software
Einstellungstests
(7013-6) Von B. Hoppius, Wendediskette für C 64/C 128 PC, mit Begleitheft. ●●●●*

Die ersten Tage am neuen Arbeitsplatz
Ratschläge für den richtigen Umgang mit Kollegen und Vorgesetzten
(0855-4) Von H. Friedrich, 104 S., kart. ●

Zeugnisse im Beruf
richtig schreiben, richtig verstehen (0544-X) Von H. Friedrich, 112 S., kart. ●

So werde ich erfolgreich
Ratschläge und Tips für Beruf und Privatleben. (0918-6) Von H. Hans, 104 S., kart. ●●

Wege zum Börsenerfolg
Aktien · Anleihen · Optionen
(4275-2) Von H. Krause, 252 S., 4 s/w-Fotos, 86 Zeichnungen, Pappband. ●●●

FALKEN-Software
Börsenfieber
Spielend spekulieren mit Geld und Aktien (7016-0) IBM PC und Kompatible, Diskette 5 1/4'', mit Begleitheft. ●●●●●*

Konvertierungen:
(7026-8) für C 64/C 128 PC, mit Begleitheft (7027-6) für Atari ST 520/1040, mit Begleitheft
(7028-4) für Amiga, mit Begleitheft
(7044-0) für IBM PC + Kompatible, Diskette 3 1/2'', mit Begleitheft

Schülerlexikon der Mathematik
Formeln, Übungen und Begriffserklärungen für die Klassen 5–10. (0430-3) Von R. Müller, 176 S., 96 Zeichnungen, kart. ●

Mathematik verständlich
Zahlenbereiche Mengenlehre, Algebra, Geometrie, Wahrscheinlichkeitsrechnung, Kaufmännisches Rechnen. (4135-7) Von R. Müller, 652 S., 10 s/w- und 109 Farbfotos, 802 Farbabb. und 79 s/w-Zeichnungen, über 2500 Beispiele und Übungen mit Lösungen, Pappband. ●●●●●

Mehr Erfolg in der Schule Mathematik 1
Arithmetik und Algebra
Übungen, Beispiele und Lösungen für die Klasse 5 bis 10
(4420-8) Von R. Müller-Fonfara, 256 S., 193 Zeichn., 2 s/w-Fotos, Pappband. ●●●

Mathematik 2
Geometrie, Statistik, Wahrscheinlichkeitsrechnung und kaufmännisches Rechen (4456-9) Von R. Müller-Fonfara, W. Scholl, 256 S., 6 s/w-Fotos, 304 Zeichnungen, Pappband. ●●●

Mathematische Formeln für Schule und Beruf
Mit Beispielen und Erklärungen. (0499-0) Von R. Müller-Fonfara, 156 S., 210 Zeichnungen, kart. ●

Rechnen aufgefrischt für Schule und Beruf. (0100-2) Von H. Rausch, 144 S., kart. ●

FALKEN-Software
Wirtschaftsrechnen in Beruf und Alltag
(7037-3) Diskette für IBM-PC und Kompatible, mit Begleitheft. ●●●●●*

Physik verständlich
Förderkurs für die Klassen 7 bis 10
(0926-7) Von Dr. Th. Neuber;, 136 S., 146
s/w-Zeichnungen, 166 Aufgaben, kart. ●●

Richtige Groß- und Kleinschreibung
durch neue, vereinfachte Regeln. Erläuterungen der Zweifelsfragen anhand vieler
Beispiele. **(0897-X)** Von Prof. Dr. Ch. Stetter,
96 S., kart. ●

Gutes Deutsch schreiben und sprechen
(4432-1) Von W. Manekeller. Dr. G. Reinert-Schneider, 416 S., durchgehend zweifarbig,
Pappband. ●●●

Deutsche Grammatik
Ein Lern- und Übungsbuch. **0704-3)** Von K.
Schreiner, 112 S., kart. ●

Mehr Erfolg in der Schule
**Deutsche Rechtschreibung und
Grammatik**
Übungen und Beispiele für die Klassen 5–10.
(4407-0) Von K. Schreiner, 256 S., durchgehend zweifarbig, Pappband. ●●●

Richtiges Deutsch
Rechtschreibung · Zeichensetzung · Grammatik · Stilkunde. **(0551-2)** Von K. Schreiner,
128 S., 7 Zeichnungen, kart. ●

Mehr Erfolg in der Schule
Der Deutschaufsatz
Übungen und Beispiele für die Klassen 5–10.
(4271-X) Von K. Schreiner, 240 S., 4
s/w-Fotos, 51 Zeichnunger, Pappband. ●●●

Aufsätze besser schreiben
Förderkurs für die Klassen 4–10. **(0429-X)**
Von K. Schreiner, 144 S., 4 s/w-Fotos, 27
Zeichnungen, kart. ●●

Mehr Erfolg in Schule und Beruf
Besseres Deutsch
Mit Übungen und Beispielen für Rechtschreibung, Diktate, Zeichensetzung, Aufsätze,
Grammatik, Literaturbetrachtung, Stil, Briefe,
Fremdwörter, Reden. **(4115-2)** Von K. Schreiner, 444 S., 4 s/w-Fotos, 27 Zeichnungen,
Pappband. ●●●

Richtige Zeichensetzung
durch neue, vereinfachte Regeln. Erläuterungen der Zweifelsfragen anhand vieler
Beispiele. **(0744-4)** Von Prof. Dr. Ch. Stetter,
160 S., kart. ●

Diktate besser schreiben
Übungen zur Rechtschreibung für die Klasse
4–8. **(0469-9)** Von K. Schreiner, 152 S.,
31 Zeichnungen, kart. ●

Besseres Englisch
Grammatik und Übungen für die Klassen
5 bis 10. **(0745-2)** Von E. Henrichs, 144 S.,
kart. ●●

Mehr Erfolg in der Schule
Englische Grammatik
Regeln und Übungen für die Klassen 5 bis 13
(4431-3) Von E. Henrichs-Kleinen, 256 S.,
durchgehend zweifarbig, Pappband. ●●●

FALKEN-Software
The Grammar-Master
Englische Grammatik üben und beherrschen
(7002-0) Diskette für den C 64/C 128 PC
●●●●*

Konvertierungen:
(7030-6) Diskette für IBM PC + Kompatible,
mit Begleitheft. ●●●●●*
(7031-4) Diskette für Atari ST 520/1040, mit
Begleitheft. ●●●●●*
(7032-2) Diskette für Amiga, mit Begleitheft.
●●●●●*

FALKEN-Software
Take a Trip to Britain
(7004-7) Von reLine, Diskette für C 64/C 128
PC, mit Begleitheft. ●●●●*

Konvertierungen:
(7039-X) Diskette 5 1/4'' für IBM PC + Kompatible, mit Begleitheft. ●●●●●*

FALKEN-Software
Vokabeltrainer Englisch
Von B. Hoppius. **(7001-2)** 2 Disketten für
C 64/C 128 PC, mit Begleitheft. ●●●●●
(7007-1) Wendediskette für Atari ST
520/1040, mit Begleitheft. ●●●●●*

FALKEN-Software
Vokabel Trainer Französisch
Über 2000 Vokabeln und Redewendungen
(7018-7) Systemdiskette u. Wendediskette
für C 64/C 128 PC, mit Begleitheft. ●●●●
(7019-5) Diskette für IBM-PC und Komp., mit
Begleitheft. ●●●●●

FALKEN-Software
Bon voyage
Spielend Französisch lernen mit dem Computer
(7036-5) Diskette für IBM PC + Kompatible,
mit Begleitheft. ●●●●●*

Konvertierungen:
(7042-X) Diskette für Atari ST 520/1040, mit
Begleitheft. ●●●●●*
(7043-8) Diskette für Amiga, mit Begleitheft.
●●●●●*

FALKEN-Software
Vokabel Trainer Latein
Von B. Hoppius, Wendediskette für
C 64/C 128 PC, mit Begleitheft. ●●●●●

Konvertierungen:
(7033-0) Diskette für IBM PC + Kompatible,
mit Begleitheft. ●●●●●*

Schnell und sicher zum Führerschein
Tips und Tricks aus 30jähriger Fahrschul-Praxis. **(0921-0)** Von O. Einert, 152 S., 156
Farbfotos, 161 z.T. farb. Zeichnungen, kart.
●●

FALKEN-Software
Schnell und sicher zum Führerschein
Intensivtraining mit dem amtlichen Fragenkatalog
(7011-X) Diskette für C 64/C 128 PC, mit
Begleitheft und Fragenkatalog. ●●●●●*

Konvertierungen:
(7024-1) Diskette für Atari ST 520/1040, mit
Begleitheft. ●●●●●*
(7029-2) Diskette für Amiga, mit Begleitheft.
●●●●●*

Die neue Lebenshilfe **Biorhythmik**
Höhen und Tiefen der persönlichen Lebenskurven vorausberechnen und danach handeln. **(0458-3)** Von W. A. Appel, 157 S.,
63 Zeichnungen, Pappband. ●●

Wie Sie im Schlaf das Leben meistern
Schöpferisch träumen
Der Klartraum als Lebenshilfe
(4258-2) Von Prof. Dr. P. Tholey, K. Utecht.
280 S., 1 s/w-Foto, 20 Zeichn., Pbd. ●●●

Falken-Handbuch **Astrologie**
Charakterkunde · Schicksal · Liebe und Beruf
Berechnung und Deutung von Horoskopen ·
Aszendenttabelle. **(4068-7)** Von B.A. Mertz,
342 S., mit 60 erläuternden Grafiken,
Pappband. ●●●

Wahrsagen mit Tarot-Karten
(0482-6) Von E.J. Nigg, 112 S., 4 Farbtafeln,
52 s/w-Abb., Pappband. ●

Selbst wahrsagen mit Karten
Die Zukunft in Liebe, Beruf und Finanzen
(0404-4) Von R. Koch, 80 S., 252 Abb.,
Pappband. ●

Die 12 Tierzeichen
Chinesisches Horoskop
(0423-0) Von G. Haddenbach, 128 S., Pappb. ●

Die 12 Sternzeichen
Charakter, Liebe und Schicksal. **(0385-4)**
Von G. Haddenbach, 136 S., kart. ●

Partnerschaftshoroskop
Glück und Harmonie mit Ihrem Traumpartner. **(0587-3)** Von G. Haddenbach, 112 S.,
11 Zeichnungen, kart. ●

Sternstunden
für Liebe, Glück und Geld, Berufserfolg und
Gesundheit. Das ganz persönliche Mitbringsel für **Widder (0621-7)**, **Stier (0622-5)**,
Zwillinge (0623-3), **Krebs (0624-1)**, **Löwe
(0625-7)**, **Jungfrau (0626-8)**, **Waage
(0627-6)**, **Skorpion (0628-4)**, **Schütze
(0629-2)**, **Steinbock (0630-6)**, **Wassermann (0631-4)**, **Fische (0632-2)** Von L. Cancer, 62 S., durchgehend farbig, Zeichnungen, Pappband. ●

Im Zeichen der Sterne
(0951-8) Der feurige Widder
(0952-6) Der willensstarke Stier
(0953-4) Die vielseitigen Zwillinge
(0954-2) Der feinfühlige Krebs
(0955-0) Der königliche Löwe
(0956-9) Die zuverlässige Jungfrau
(0957-7) Die charmante Waage
(0958-5) Der leidenschaftliche Skorpion
(0959-3) Der temperamentvolle Schütze
(0960-7) Der treue Steinbock
(0961-5) Der selbstbewußte Wassermann
(0962-3) Die romantischen Fische
Von G. Haddenbach, 64 S., 35 Farbfotos,
Pappband. ●

Humor und Unterhaltung

Heitere Vorträge
(0528-8) Von E. Müller, 128 S., 14 Zeichnungen, kart. ●

So feiert man Feste fröhlicher
Heitere Vorträge und Gedichte
(0098-7) Von Dr. Allos, 96 S., 15 Abb., kart. ●

Heitere Vorträge und witzige Reden
Lachen, Witz und gute Laune
(0149-5) Von E. Müller, 104 S., 44 Abb., kart. ●

Lustige Vorträge für fröhliche Feiern
(0284-X) Von K. Lehnhoff, 96 S., kart. ●

Da lacht das Publikum
Neue lustige Vorträge für viele Gelegenheiten. **(0716-7)** Von H. Schmalenbach, 96 S.,
kart. ●

Humor und Stimmung
Ein heiteres Vortragsbuch
(0460-5) Von G. Wagner, 112 S., kart. ●

Gereimte Vorträge
für Bühne und Bütt. **(0567-9)** Von G. Wagner,
96 S., kart. ●

Narren in der Bütt
Leckerbissen aus dem rheinischen Karneval
(0216-5) Zusammengestellt von T. Lücker,
112 S., kart. ●

Damen in der Bütt
Scherze, Büttenreden, Sketche
(0354-4) Von T. Müller, 136 S., kart. ●

Rings um den Karneval
Karnevalsscherze und Büttenreden
(0130-4) Von Dr. Allos, 144 S., 2 Zeichnungen, kart. ●

Wir feiern Karneval
Festgestaltung und Reden für die närrische
Zeit. **(0904-6)** Von M. Zweigler, 120 S., 7
Zeichnungen, kart. ●

Helau und Alaaf 1 Närrisches aus der Bütt
(0304-8) Von E. Müller, 112 S., 4 Zeichnungen, kart. ●

Helau und Alaaf 2
Neue Büttenreden für Sie und Ihn
(0477-X) Von E. Luft, 96 S., kart. ●

Helau und Alaaf 3
Neue Reden für die Bütt. (**0832**-5) Von H. Fauser, 112 S., 13 Zeichnungen, kart. ●

Helau und Alaaf 4
Neue Büttenreden für Sie und Ihn (**0983**-6) Hrsg. H. Fauser, 96 S., 15 s/w-Zeichn., zahlreiche Vignetten, kart. ●

Locker vom Hocker
Witzige Sketche zum Nachspielen (**4262**-0) Von W. Giller, 144 S., 41 Zeichnungen, Pappband. ●●

Sketche und Blackouts zum Nachspielen
(**0941**-0) Von E. Cohrs, 112 S., 12 Zeichnungen, kart. ●

Sketche und spielbare Witze
für bunte Abende und andere Feste. (**0445**-1) Von H. Friedrich, 112 S., 7 Zeichnungen, kart. ●

Sketche
Kurzspiele zu amüsanter Unterhaltung. (**0247**-5) Von M. Gering, 96 S., 4 s/w-Zeichnungen, kart. ●

Vorhang auf!
Neue Sketche für jung und alt. (**0898**-8) Von H. Pillau, 96 S., 22 Zeichnungen, kart. ●

Witzige Sketche zum Nachspielen
(**0511**-3) Von D. Hallervorden, 112 S., kart. ●●

Tolle Sketche
mit zündenden Pointen – zum Nachspielen. (**0656**-X) Von E. Cohrs, 112 S., kart. ●

Vergnügliche Sketche
(**0476**-1) Von H. Pillau, 96 S., 7 Zeichn., kart. ●

Lustige Sketche
Kurze Theaterstücke für Jungen und Mädchen (**0669**-1) Von U. Lietz, U. Lange, 96 S., kart. ●

Spielbare Witze für Kinder
(**0824**-4) Von H. Schmalenbach, 112 S., 30 Zeichnungen, kart. ●

Witze
Lachen am laufenden Band (**4241**-8) Von J. Burkert, D. Kroppach; 400 S., 41 Zeichnungen, Pappband. ●●

Die besten Kalauer
(**0705**-1) Von K. Frank, 112 S., 12 Zeichnungen, kart. ●

Die besten Beamtenwitze
(**0574**-1) Von W. Pröve, 80 S., 39 Zeichnungen, kart. ●

O frivol ist mir am Abend
Pikante Witze von Fred Metzler. (**0388**-9) Von F. Metzler, 128 S., mit Karikaturen, kart. ●

Fips Asmussens Witze
am laufenden Band (**0461**-3) 96 S., kart. ●

Spaßvögel
Über sexhundert komische Nummern (**0888**-0) Von E. Zeller, mit Limericks von W. Müller, 220 S., 200 Vignetten, kart. ●

Heller Wahnwitz
(**0887**-2) Von D. Kroppach, 220 S., 200 Vignetten, kart. ●

Die Kleidermotte ernährt sich von nichts, sie frißt nur Löcher
Stilblüten, Sprüche und Widersprüche aus Schule, Zeitung, Rundfunk und Fernsehen. (**0738**-8) Von P. Haas, D. Kroppach, 112 S., zahlreiche Abb. kart. ●

Witzig, witzig
(**0507**-5) Von E. Müller, 128 S., 16 Zeichnungen, kart. ●

Die besten Kinderwitze
(**0757**-4) Von K. Rank, 112 S., 28 Zeichnungen, kart. ●

Ich lach mich kaputt!
Die besten Kinderwitze
(**0545**-8) Von E. Hannemann, 96 S., 10 Zeichnungen, kart. ●

Lach mit!
Witze für Kinder, gesammelt von Kindern. (**0468**-0) Von W. Pröve, 96 S., 17 Zeichnungen, kart. ●

Die besten Kurzgeschichten von Mark Twain
(**4458**-5) Ausgewählt von D. Zimmer, 128 S., Pappband. ●

Kritik des Herzens
Heiter-besinnliche Verse von Wilhelm Busch
(**4459**-3) Herausgegeben von D. Zimmer, 96 S., Pappband. ●

Die schönsten Galgenlieder von Christian Morgenstern
(**4460**-7) Ausgewählt von D. Zimmer, 128 S., Pappband. ●

Scherz und Satire von Roda Roda
(**4462**-3) Ausgewählt von D. Zimmer, 112 S., Pappband. ●

Beliebte Autoren des 19. Jahrhunderts
Englischer Humor
(**4463**-1) Ausgewählt von D. Zimmer, 112 S., Pappband. ●

Spiele und Denksport

Neues Buch der siebzehn und vier Kartenspiele
(**0095**-2) Von K. Lichtwitz, 96 S., kart. ●

Alles über Pokern
Regeln und Tricks. (**2024**-4) Von C.D. Grupp, 112 S., 29 Kartenbilder, kart. ●

Rommé und Canasta
in allen Variationen. (**2025**-2) Von C.D. Grupp, 88 S., 24 Zeichnungen, kart. ●

Doppelkopf, Schafkopf, Binokel, Cego, Tarock und andere Stammtischspiele. (**2015**-5) Von C.D. Grupp, 112 S., kart. ●

Black Jack
Regeln und Strategien des Kasinospiels. (**2032**-3) Von K. Kelbratowski, 88 S., kart. ●

Spielend Skat lernen
unter freundlicher Mitarbeit des Deutschen Skatverbandes. (**2005**-8) Von Th. Krüger, 120 S., 181 s/w-Fotos, 22 Zeichn., kart. ●

Falken-Handbuch Patiencen
Die 111 interessantesten Auslagen (**4151**-9) Von U.v.Lyncker, 216 S., 108 Abbildungen, Pappband. ●●●

Patiencen
in Wort und Bild. (**2003**-1) Von I. Wolter-Rosendorf, 120 S., kart. ●

Neue Patiencen
(**2036**-8) Von H. Sosna, 160 S., 43 Farbtafeln, kart. ●●

Falken-Handbuch Bridge
Von den Grundregeln zum Turnierspiel (**4092**-X) Von W. Voigt und K. Ritz, 280 S., 792 Zeichnungen, gebunden. ●●●●

Spielend Bridge lernen
(**2012**-0) Von J. Weiss, 96 S., 58 Zeichnungen, kart. ●

Präzisions-Treff im Bridge
(**2037**-6) Von E. Jannersten, 152 S., kart. ●●

Spieltechnik im Bridge
(**2004**-X) Von V. Mollo und N. Gardener, deutsche Adaption von D. Schröder, 152 S., kart. ●●●

Besser Bridge spielen
Reiztechnik, Spielverlauf und Gegenspiel. (**2026**-0) Von J. Weiss, 144 S., 60 Diagramme, kart. ●●

Kartentricks
(**2010**-4) Von T.A. Rosee, 80 S., 13 Zeichnungen, kart. ●

Neue Kartentricks
(**2027**-9) Von K. Pankow, 104 S., 20 Abb., kart. ●

Das japanische Brettspiel Go
(**2020**-1) Von W. Dörholt, 104 S., 182 Diagramme, kart. ●

Mah-Jongg
Das chinesische Glücks-, Kombinations- und Gesellschaftsspiel. (**2030**-9) Von U. Eschenbach, 80 S., 30 s/w-Fotos, 5 Zeichn., kart. ●

Backgammon
für Anfänger und Könner. (**2008**-2) Von G.W. Fink und G. Fuchs, 104 S., 41 Abb., kart. ●

Das Backgammon-Handbuch
(**4422**-4) Von E. Heyken, M.B. Fischer, 232 S., 400 Abbildungen, Pappband. ●●●●

Würfelspiele
für jung und alt. (**2007**-4) Von F. Pruss, 112 S., 21 s/w-Zeichnungen, kart. ●

Roulette richtig gespielt
Systemspiele, die Vermögen brachten (**0121**-5) Von M. Jung, 96 S., zahlreiche Tabellen, kart. ●

Gesellschaftsspiele
für drinnen und draußen. (**2006**-6) Von H. Görz, 112 S., kart. ●

Spiele für Party und Familie
(**2014**-7) Von Rudi Carrell, 80 S., 22 Zeichnungen kart. ●

Neue Spiele für ihre Party
(**2022**-8) Von G. Blechner, 112 S., 54 Zeichnungen, kart. ●

Lustige Tanzspiele und Scherztänze
für Partys und Feste. (**0165**-7) Von E. Bäulke, 80 S., 53 Abb. kart. ●

Das Spiel mit der Schwerkraft
Jonglieren
mit Bällen, Keulen, Ringen und Diabolo (**1009**-4) Von S. Peter, 80 S., 149 Farbfotos, kartoniert. ●

Magische Zaubereien
(**0672**-1) Von W. Widenmann, 64 S., 31 Zeichnungen, kart. ●

Zaubertricks für Anfänger und Fortgeschrittene
(**0282**-3) Von J. Merlin, 160 S., 113 Abb., kart. ●●

Zaubern
einfach – aber verblüffend. (**2018**-X) Von D. Bouch, 84 S., 41 Zeichnungen, kart. ●

Scherzfragen, Drudel und Blödeleien
gesammelt von Kindern. (**0506**-7) Hrsg. von W. Pröve, 80 S., 57 Zeichnungen, kart. ●

Kinderspiele
die Spaß machen. (**2009**-0) Von H. Müller-Stein, 104 S., 28 Abb., kart. ●

Kinderspiele mit Buchstaben und Wörtern
(**1041**-9) Von Dr. U. Vohland, 96 S., 53 Zeichnungen, kartoniert. ●

Spiele für Kleinkinder
(**2011**-3) Von D. Kellermann, 80 S., 23 Abb., kart. ●

Spiel und Spaß am Krankenbett
für Kinder und die ganze Familie. (**2035**-X) Von H. Bücken, 96 S., 97 Zeichnungen, kart. ●

Spiele im Freien
(**2038**-X) Von G. Wagner, 88 S., 20 zweif. Zeichnungen, kartoniert. ●

Guten Tag, Kinder!
Neue Texte mit Spielanleitungen fürs Kasperletheater. (**0861**-9) Von U. Lietz, 96 S., 18 s/w-Zeichnungen, kart. ●

Kasperletheater
Spieltexte und Spielanleitungen · Basteltips
für Theater und Puppen. (0641-1) Von U.
ietz, 114 S., 4 Farbtafeln, 12 s/w-Fotos, 39
Zeichnungen, kart. ●

Kindergeburtstage, die keiner vergißt
Planung, Gestaltung, Spielvorschläge.
(0698-5) Von G. und G. Zimmermann, 104
., 80 Vignetten, kart. ●

Kindergeburtstag
Vorbereitung, Spiel und Spaß (0287-4) Von
Dr. I. Obrig, 136 S., 40 Abb., 11 Zeichnungen,
 Lieder mit Noten, kart. ●

Knobeleien und Denksport
2019-8) Von K. Rechberger, ˉ42 S., 105
Zeichnungen, kart. ●

Das Super-Kreuzwort-Rätsel-Lexikon
Über 150.000 Begriffe. (4279-5) Von H.
Schiefelbein, 688 S., Pappband. ●●

Riesen-Kreuzwort-Rätsel-Lexikon
Über 250.000 Begriffe. (4197-7) Von H.
Schiefelbein, 1024 S., Pappband. ●●●

Computerbücher und Software

FALKEN Computer Lexikon
4185-3) 312 S., 173 s/w-Fotos, Pbd. ●●●

Computer-Grundwissen
Eine Einführung in Funktion und Einsatz-
nöglichkeiten. (4302-3) Von W. Bauer, 176
eiten, 193 Farb- und 12 s/w-Fotos, 37 Com-
puterggrafiken, kart. ●●● (4301) Pbd.
●●●●

Grundwissen Informationsverarbeitung
4314-7) Von H. Schiro, 312 S., 59 s/w-Fotos,
33 s/w-Zeichnungen, Pappband. ●●●●●

Computergrafik
Von den Grundlagen bis zum perfekten
3 D-Programm. (4319-8) Von A. Brück,
296 S., 20 Farbtafeln, 180 s/w-Grafiken,
50 s/w- Zeich., 83 Listings. Pappband.
●●●●●

Daten-Fernübertragung
Vom Akustikkoppler bis zum lokalen Netz-
werk
4325-2) Von P.C. den Heijer, R. Tolsma, ca.
288 S., zahlreiche Abb., kartoniert. ●●●●●

Microsoft Excel
Tabellenkalkulationen, Geschäftsgrafik und
Datenbank im Selbststudium für alle Versio-
en bis 2.1. Mit Tutor-Diskette.
4333-7) Von P. Vogel, M. Hofmann, 176 S.,
12 zweifarbige Abb., kartoniert. ●●●●●

Microsoft Word
Textverarbeitung, MailMerge und Desktop
Publishing im Selbststudiu m
für alle Versionen bis 4.0
4328-7) Von A. Görgens, 160 S., 120 Abbil-
lungen, kart. ●●●●

dBASE III PLUS dBASE IV
Der einfache Weg zur individuell program-
mierten Datenbank
Mit Tutor-Diskette
4326-0) Von P. Vogel, Th. Kregeloh, M. Hofmann, 272 S., 63 Abb., kart. ●●●●●

Open Access II
Textverarbeitung, Kalkulation und Datenver-
arbeitung im Selbststudium
4327-9) Von A. Görgens, 184 S., 108 Abbil-
lungen, kart. ●●●●

Desktop Publishing
Setzen und Drucken auf dem Schreibtisch.
4323-6) Von A. Görgens, 120 S., 110
/w-Fotos, 72 Zeichnungen, kart. ●●●

Garantiert BASIC lernen mit dem C 128
Mit kompletter Kurs-Diskette
4321-X) Von A. Görgens, 288 S., 4
/w-Fotos, 83 Zeichnungen, kart. ●●●●

WordStar Praxis professionell
Für die Versionen 3.4/3.45/4.0
Erweiterungen · Praxis-Tips · Datenaustausch
· Desktop Publishing. (4324-4) Von A. Gör-
gens, 172 S., 2 s/w-Fotos, 2 s/w-Zeichnun-
gen, 116 s/w-Grafiken, kart. ●●●●

**Desktop Publishing: Typographie und
Layout**
Seiten gestalten am PC. Für Einsteiger und
Profis
(4330-9) Von Dr. H. D. Baumann, M. Klein,
ca. 280 S., zahlreiche zweifarbige Abb.,
Pappband. ●●●●●

Einführung in Pascal
Garantiert Pascal lernen durch schrittweise
Erarbeitung
(4329-5) Von R. Röder, ca. 160 S., durchgehend zweifarbig, kartoniert. ●●●●

Heimcomputer-Bastelkiste
Messen, Steuern, Regeln mit C 64-, Apple II-.
MSX-, TANDY-, MC-, Atari- und Sinclair-Com-
putern. (4309-0) Von G.A. Karl, 256 S.,
160 Zeichnungen, kart. ●●●●

Schach mit dem Computer
(0747-7) Von D. Frickenschmidt, 140 S.,
112 Diagramme, 29 s/w-Fotos, 5 Zeichnungen, kart. ●●

Einstellungstests
Die optimale Vorbereitung für Bewerber
(7013-6) Wendediskette für C 64/C 128 PC,
mit Begleitheft. ●●●●*

Ego-Tests
Sich und andere besser erkennen und verstehen
(7012-8) Diskette für IBM PC und kompatible
(MS DOS), mit Begleitheft. ●●●●●*

**Schnell und sicher zum
Führerschein**
Intensivtraining mit dem amtlichen Fragenkatalog
(7011-X) Wendediskette für C 64/C 128 PC,
mit Begleitheft und Fragenkatalog.
(7024-1) für Atari ST 520/1040, mit Begleitheft.
(7029-2) für Amiga, mit Begleitheft
●●●●●*

Maschinenschreiben
In 10 Tagen spielend gelernt
IBM PC und Kompatible
(7008-X) Disk. für C 64/C 128 PC, ●●●●*

**Maschinenschreiben und Tastatur-
training für Computer**
(7009-8) Von B. Hoppius, Diskette 5 1/4'' u.
3 1/2'' für IBM PC + Kompatible, mit Begleitheft. ●●●●●*

Das komplette Schachprogramm
(7006-3) Diskette für C 64/C 128 PC, mit
Begleitheft ●●●●*

Zug um Zug Schach für jedermann 1
Offizielle Schach-Lernsoftware des
Deutschen Schachbundes zur Erringung des
Bauerndiploms
(7015-2) Diskette für C 64/C 128 PC mit
Begleitheft.
(7005-1) Diskette für Atari ST 520/1040, mit
Begleitheft. ●●●●●*

TEXAD
Text- und Adressenverwaltung
Mit Musterbriefen und Formularen für den
privaten und geschäftlichen Bereich
(7017-9) für IBM-PC und Kompatible, Disk.
5 1/4'', mit Begleitheft. Einführungspreis bis
11.10.90 DM 198,–; S 1980.–; Fr 193.30,
danach DM 258,–; S 2580.–; Fr 251.70.
(7048-9) Diskette 3 1/2'', mit Handbuch.
●●●●●*
(7049-7) Demo-Version 5 1/4'', o. Handbuch. ●●*
(7050-0) Demo-Version 3 1/2'', o. Handbuch. ●●*

DOS-Tutor
DOS lernen, üben und beherrschen
(7020-9) Diskette 5 1/4'' für IBM PC + Kompatible, mit Begleitheft. ●●●●●*
(7021-7) Diskette 3 1/2'' für IBM PC + Kompatible, mit Begleitheft. ●●●●●*

Wirtschaftsrechnen in Beruf und Alltag
(7037-3) Diskette für IBM PC + Kompatible,
mit Begleitheft. ●●●●●

Vokabeltrainer Englisch
Über 2000 Vokabeln und Redewendungen
(7001-2) 2 Disk. für C 64/C 128 PC,
mit Begleitheft
(7007-1) Disk. für Atari ST 520/1040,
mit Begleitheft ●●●●●*

Take a Trip to Britain
Spielend Englisch lernen mit dem Computer
(7004-7) Diskette für C 64/C 128 PC,
mit Begleitheft
(7039-X) Diskette 5 1/4'' für IBM PC + Kompatible, mit Begleitheft. ●●●●●*

The Grammar Master
(7002-0) Diskette für C 64/C 128 PC, mit
Begleitheft. ●●●●*
(7030-6) für IBM-PC + Kompatible, mit
Begleitheft. ●●●●●*
(7031-4) für Atari ST 520/1040
mit Begleitheft. ●●●●●*
(7032-2) für Amiga, mit Begleitheft.
●●●●●*

Vokabeltrainer Französisch
Über 2000 Vokabeln und Redewendungen
(7018-7) Systemdisk. + Wendediskette. f. C 64/
128 PC, mit Begleitheft, (7019-5) Disk. für
IBM-PC und Kompatible, mit Begleitheft.
●●●●●*

Bon voyage
Spielend Französisch lernen mit dem
Computer
(7036-5) Diskette für IBM PC + Kompatible,
mit Begleitheft. ●●●●●*

Vokabeltrainer Latein
Über 2000 Vokabeln und Redewendungen
frei erweiterbar
(7022-5) Von B. Hoppius, 2 Wendedisketten
für C 64/C 128 PC, mit Begleitheft.
(7033-0) Diskette für IBM PC + Kompatible,
mit Begleitheft. ●●●●●*

Börsenfieber
Spielend spekulieren mit Geld und Aktien
(7046-0) für IBM-PC und Kompatible, Diskette 5 1/4'', mit Begleitheft
(7026-8) für C 64/C 128 PC, mit Begleitheft,
(7027-6) für Atari ST 520/1040, mit Begleitheft.
(7028-4) für Amiga, mit Begleitheft.
●●●●●*
(7044-6) für IBM PC + Kompatible, Diskette
3 1/2'', mit Begleitheft. ●●●●●*
(7038-1) für C 64/128 C Kassette, mit
Begleitheft. ●●●●*

Video

Kochschule mit Paul Bocuse
Der Meisterkoch verrät die Geheimnisse der
französischen Küche
(6016-5) VHS, 60 Min., in Farbe, mit Begleitheft. ●●●●●*

Hobby Aquarellmalen
Landschaft und Stilleben
(6022-X) VHS, 40 Min., in Farbe, mit Begleitheft. ●●●●*

Hobby Ölmalerei
Landschaft und Stilleben
(6025-4) VHS, 40 Min., in Farbe, mit Begleitheft. ●●●●*

Perfekt Stricken
Neue Techniken Schritt für Schritt
(6007-6) VHS, 51 Min., in Farbe, mit
Begleitheft.●●●●*

Hobby Salzteig
Rezepte/Techniken/Modelle
(6010-6) VHS, 35 Min., in Farbe, mit Begleitheft. ●●●*

Basteln mit Kindern
(6041-6) VHS, 60 Min., in Farbe, mit Vorlagen in Originalgröße, mit Begleitheft. ●●●*

Die Modelleisenbahn
Anlagenbau im Modultechnik
(6028-9) VHS, 30 Min., in Farbe. ●●●●*

Karate
Einführung und Grundtechniken
(6037-8) VHS, 45 Min., in Farbe, mit Begleitheft. ●●●●*

Fit und Gesund
Körpertraining und Bodybuilding zu Hause
(6013-0) VHS, 30 Min., in Farbe, mit Begleitheft. ●●●●*

Pflanzenjournal
Blumen- und Pflanzenpflege im Jahreslauf
(6036-X) VHS, 30 Min., mit Begleitheft.
●●●●*

Schnitt und Pflege von Bäumen und Sträu-
chern
(6050-5) VHS, 45 Min., in Farbe, mit Begleitheft. ●●●●*

Aktfotografie
Gestaltung/Technik/Spezialeffekte
Interpretationen zu einem unerschöpflichen
Thema
(6001-7) VHS, 60 Min., in Farbe, mit Begleit-
heft. ●●●●●*

Golf
(6053-X) VHS, 60 Min., in Farbe, mit Begleitheft. ●●●●●*

TELE-SKI
Skigymnastik perfekt
(6052-1) VHS, 60 Min., in Farbe, mit Begleitheft. ●●●●●*

**Internationale Deutsche Rallye-Meister-
schaft '89**
(6045-8) VHS, 60 Min., in Farbe, mit Begleitheft. ●●●●*

Videografieren
Technik/Bildgestaltung/Schnitt/Vertonung
Filmen mit Video 8
(6031-9) VHS,
(6033-5) Beta, (6034-3) Video 8,
60 Min., in Farbe, mit Begleitheft. ●●●●●*

Videografieren perfekt
Profitricks für Aufnahmetechnik und Nachbearbeitung
(6042-4) VHS, (6043-2) Beta, (6044-4)
Video 8, 60 Min., in Farbe, mit Begleitheft.
●●●●●*

Streicheleinheiten für Körper und Seele
Körper Massage
(6051-3) VHS, 45 Min., in Farbe, mit Begleitheft. ●●●●●*

Reiseziel New York
Die schönsten Sehenswürdigkeiten, präzise
Informationen, praktische Tips
(6048-3) VHS, 60 Min., in Farbe, mit Begleit-
broschüre. ●●●●●*

Reiseziel Kalifornien
San Franzisko und die schönsten Ziele in
Kalifornien.
Präzise Informationen und praktische Tips
(6049-1) VHS, 60 Min., in Farbe, mit Begleit-
broschüre. ●●●●●*

Reiseziel Florida
(6054-8) VHS, 60 Min., in Farbe, mit Beglei-
heft. ●●●●●*

Reiseziel USA
(6055-6) VHS, 60 Min., in Farbe, mit Beglei-
heft. ●●●●●*

Reiseziel Irland
(6059-9) VHS, 60 Min., in Farbe, mit Beglei-
heft. ●●●●●*

Reiseziel DDR
(6061-0) VHS, 60 Min., in Farbe, mit Begleitheft. ●●●●●*

Info-Tour USA
Die Highlights aus dem
FALKEN Reiseprogramm
(6060--2) VHS, 30 Min., in Farbe,
mit Begleitheft. ●

Gesund durch Gedankenenergie
Heilung im gemeinsamen Kraftfeld
(6035-1) VHS, 45 Min., in Farbe, mit Begleitheft. ●●●●*

Körpersprache
verstehen und deuten
(6046-7) VHS, 60 Min., in Farbe, mit Beglei-
heft. ●●●●●*

Das erfolgreiche Vorstellungsgespräch
(6047-5) VHS, 60 Min., in Farbe, mit Beglei-
heft. ●●●●●*

Bestellschein

Erfüllungsort und Gerichtsstand für Vollkaufleute ist der jeweilige Sitz der
Lieferfirma. Für alle übrigen Kunden gilt dieser Gerichtsstand für das Mahn-
verfahren. Falls durch besondere Umstände Preisänderungen notwendig
werden, erfolgt Auftragserledigung zu dem bei der Lieferung gültigen Preis.

Ich bestelle hiermit aus dem Falken-Verlag GmbH, Postfach 11 20, D-6272 Niedernhausen/Ts., durch die Buchhandlung:

Ex. _____

Ex. _____

Ex. _____

Ex. _____

Name: _____   Datum: _____

Straße: _____

Ort: _____   Unterschrift: _____

Die hier vorgestellten Bücher, Videokassetten und Software sind in folgende Preisgruppen unterteilt:

● Preisgruppe bis DM 10,–/S 79,–/SFr.10   ●●● Preisgruppe über DM 20,– bis DM 30,–   ●●●● Preisgruppe über DM 30,– bis DM 50,–
●● Preisgruppe über DM 10,– bis DM 20,–   S 161,– bis S 240,–   S 241,– bis S 400,–
                        S 80,– bis S 160,–   SFr. 20,– bis SFr. 29,–   SFr. 29,– bis SFr. 48,–
                        SFr. 10,– bis SFr. 20,–   ●●●●● Preisgruppe über DM 50,–/S 401,–/SFr.48,–   *(unverbindliche Preisempfehlung)
Die Preise entsprechen dem Status beim Druck dieses Verzeichnisses (s. Seite 1) – Änderungen, im besonderen der Preise, vorbehalten –

Falken-Verlag GmbH · Postfach 1120   **D-6272 Niedernhausen/Ts. · Tel.: 0 6127/70 20**